THÉATRE

DE CAMPAGNE

A LA MÊME LIBRAIRIE

THÉATRE DE CAMPAGNE

(Première série)

Avec une préface de ERNEST LEGOUVÉ, de l'Académie française

CONTENANT

Ma fille et mon bien, par M. E. Legouvé.

Paturel, par M. Henry Meilhac.

Le Monde renversé, par M. Henri de Bornier.

La Soupière, par M. E. d'Hervilly.

Autour d'un Berceau, par M. E. Legouvé.

Les Petits Cadeaux, par M. Jacques Normand.

Silence dans les rangs! par M. E. d'Hervilly.

La Fleur de Tlemcen, par MM. E. Legouvé et Prosper Mérimée.

Avant le bal, par M. Prosper Chazel.

Un Salon d'attente, par M. Charles Edmond.

Un volume in-18 jésus. Prix : 3 fr. 50.

THÉATRE DE CAMPAGNE

(Deuxième série.)

CONTENANT

La Lettre chargée, par M. E. Labiche.

Les Crises de Monseigneur, par M. Gustave Droz.

Le Mari qui dort, par M. Edmond Gondinet.

Sa Canne et son Chapeau, par M. le comte W. Sollohub.

Vent d'Ouest, par M. E. d'Hervilly.

La vieille Maison, par M. André Theuriet.

Une Sérénade, par M. le comte W. Sollohub.

Les Convictions de papa, par M. E. Gondinet.

Un volume in-18 jésus. Prix : 3 fr. 50.

THÉATRE DE CAMPAGNE

(Troisième série)

CONTENANT

La Gifle, par M. Abraham Dreyfus.

La Cage du lion, par M. Henri de Bornier.

De Calais à Douvres, par M. Ernest d'Hervilly.

A la baguette, par M. Jacques Normand.

Le Coupé jaune, par M. Henri Dupin.

Georges et Georgette, par M. Emile Abraham.

O mon Adélaïde! par M. Charles Narrey.

Les Prunes, par M. Alphonse Daudet.

Les Revanches de l'escalier, par M. Ernest d'Hervilly.

La Force des femmes, par M. Henry Meilhac.

Un volume in-18 jésus. Prix : 3 fr. 50.

ÉVREUX, IMPRIMERIE DE CHARLES HÉRISSEY.

THÉATRE

DE CAMPAGNE

Eugène Labiche — Eugène Verconsin
Adrien Decourcelle — Ernest d'Hervilly
André Theuriet — Émile Guiard
Albert Millaud — Georges de Létorière

QUATRIEME SÉRIE

PARIS
PAUL OLLENDORFF, ÉDITEUR
28 *bis*, rue de Richelieu

1878

IL A ÉTÉ TIRÉ DE CET OUVRAGE

50 Exemplaires numérotés sur papier vergé.

L'AMOUR DE L'ART

Comédie en un acte

PAR M. EUGÈNE LABICHE

A mon ami ALFRED SAUCÈDE,

Souvenir affectueux.

EUGÈNE LABICHE.

PERSONNAGES

LA COMTESSE.
MARIETTE, FEMME DE CHAMBRE.
ANTOINE, DOMESTIQUE.

La scène se passe à Paris, de nos jours.

L'AMOUR DE L'ART

Un salon. — Une cheminée avec pendule et vases. — Une fenêtre. — Deux portes. — Une table avec ce qu'il faut pour écrire. — Chaises, fauteuils. — Un coffre à bois.

SCÈNE PREMIÈRE

MARIETTE, seule, regardant à la fenêtre.

Il est superbe le valet de chambre que madame a arrêté hier. Quel air noble et distingué !.. J'ai du plaisir à le regarder fendre son bois dans la cour... Tiens, il a mis des gants pour fendre... Pauvre garçon ! il a peut-être froid aux mains.

SCÈNE DEUXIÈME

MARIETTE, LA COMTESSE.

LA COMTESSE, entrant.

Eh bien ! Mariette... que fais-tu donc là ?

MARIETTE, avec aplomb.

Je nettoie les carreaux, madame.

LA COMTESSE

A-t-on été chez ma couturière ?

MARIETTE

Oui, madame, j'y suis allée moi-même, et je lui ai bien recommandé d'apporter votre robe, ce soir, à quatre heures.

LA COMTESSE

Oui, il me la faut, il me la faut absolument.

MARIETTE

Madame me permettra-t-elle de lui adresser une question ?

LA COMTESSE

Parle.

MARIETTE

Pourquoi madame se fait-elle faire deux robes de bal... pour un seul bal ?

LA COMTESSE

Pourquoi ?.. c'est une vengeance... un tour que je veux jouer à la petite baronne... elle est insupportable : dès que je commande une toilette... vite, elle court chez ma couturière et se fait faire exactement la même.

MARIETTE

Ah ! ça n'est pas gentil.

LA COMTESSE

C'est agaçant... Si je suis en bleu, elle arrive en bleu ; si je suis en rose, elle arrive en rose... Ne m'a-t-elle pas dit hier que nous avions l'air des deux sœurs... comme c'est agréable ! — Je me donne bien du mal pour composer mes toilettes... car je puis dire que je me donne bien du mal...

MARIETTE

Oh ! c'est bien vrai. Madame s'enferme.

LA COMTESSE

Je ne m'enferme pas, je me recueille..; enfin, je trouve, j'invente, moi... et la baronne, qui n'a aucune espèce d'idée, se contente de me copier, c'est trop commode... aussi voilà ce que j'ai imaginé. Je me suis commandé, il y a trois jours, pour le bal de ce soir, une robe verte et jaune... quelque chose d'horrible... une véritable omelette aux fines herbes... je te la donnerai... Une heure après, la baronne arrivait et se faisait confectionner la pareille.

MARIETTE

Naturellement.

LA COMTESSE

Alors ce matin je suis allée secrètement chez une autre couturière et je lui ai donné le plan d'une robe... gorge de pigeon blessé... avec des agréments de ma composition... ce sera délicieux... J'arriverai de bonne heure afin de voir l'entrée de la baronne.

MARIETTE

L'entrée de l'omelette !..

LA COMTESSE

Ah ! je crois que je m'amuserai bien ce soir !.. Ah ça ! que fait le nouveau valet de chambre... monsieur Antoine Petit-Gras ?

MARIETTE

Il fend du bois dans la cour... Je suis sûre que madame a eu de bons renseignements sur lui ?

LA COMTESSE

Comme ça... Je me présente chez un M. Durand... son ancien maître... Son domestique me fait entrer maladroitement, et je tombe sur un monsieur qui avait les pieds à l'eau.

MARIETTE

Ah !

LA COMTESSE

Heureusement il était enveloppé dans un vaste paravent... Je salue le paravent et je lui dis : Monsieur, je désirerais avoir des renseignements sur un nommé Antoine Petit-Gras... qui sort de votre service. Une voix me répond : Excusez-moi, madame, j'ai le sang à la tête et tous les deux jours je suis obligé de prendre un bain de pieds de quinze minutes, à la moutarde. — Je le regrette, monsieur. — Moi aussi, madame... Les jours où je ne prends pas de bain de pieds, continue la voix, je m'applique un rigolo derrière la nuque : aujourd'hui c'est le jour du bain de pieds, demain ce sera celui du rigolo. — Pardon, je suis venue pour vous demander des renseignements... — Sur Antoine Petit-Gras; c'est un brave garçon...

MARIETTE

Et distingué !

LA COMTESSE, *continuant.*

Pas intelligent...

MARIETTE

S'il est possible !

LA COMTESSE, continuant.

Pas soigneux, pas adroit, il casse beaucoup... Mais il est conservateur... il vote comme moi... à ce qu'il dit... Son défaut, c'est la boisson... — Comment, il boit ? — Pardon... mes quinze minutes sont expirées, il faut que je me retire, mais je vous écrirai au sujet de Petit-Gras. Je vous enverrai sa photographie.

MARIETTE

Pourquoi sa photographie ?

LA COMTESSE

Je n'en sais rien... J'ai salué le paravent et je suis partie... de façon que je ne suis guère renseignée sur mon valet de chambre.

MARIETTE

Je crois que madame en sera contente... il a une très-belle écriture... Ce matin la cuisinière lui a fait écrire sa dépense... il moule !

LA COMTESSE

Tu m'y fais songer... (*S'approchant de la table.*) Moi aussi j'ai à écrire... à ma tante, madame de Gardenville qui habite Loudun... il faut que je la remercie, elle m'a envoyé pour ma fête ces deux vases qui sont sur la cheminée... Comment les trouves-tu ?

MARIETTE

Charmants !

LA COMTESSE

Ils sont affreux !

MARIETTE

C'est ce que je voulais dire.

LA COMTESSE

Pauvre tante ! elle aura acheté ça chez un faïencier de Loudun... enfin, j'espère qu'on me les cassera un de ces jours, tu sais, ne te gène pas... (*Se mettant à la table et écrivant.*) « Ma bonne tante... J'ai reçu vos deux « vases... ils sont ravissants. » (*Elle continue à écrire.*)

SCÈNE TROISIÈME

LES MÊMES, ANTOINE.

ANTOINE entre avec un crochet chargé de bois sur le dos. Il est en livrée et porte des moustaches et des gants.

(*A Mariette.*) Où faut-il mettre ça ?

MARIETTE

Dans le coffre à bois... Je vais vous donner un coup de main.

ANTOINE

Dépèchez-vous, j'en ai encore une charge à monter.

LA COMTESSE, à elle-même et à haute voix.

Attraper prend-il deux *p* ?

ANTOINE, s'avançant avec son crochet sur le dos, d'un air gracieux.

Un seul, madame la comtesse, un seul... dans attraper la lettre ne se redouble pas.

LA COMTESSE, étonnée.

Ah ! approchez... monsieur Petit-Gras, je suis allée hier prendre des renseignements sur vous... ils sont bons... vous êtes un brave garçon... pas intelligent...

ANTOINE

Ah !

LA COMTESSE

Pas soigneux, pas adroit... mais vous avez des opinions conservatrices qui me conviennent.

ANTOINE, son crochet sur le dos.

J'ai toujours pensé que la France ne reprendrait son rang dans le monde...

LA COMTESSE

C'est bien... assez ! Vous avez un défaut... vous buvez.

ANTOINE

Moi ?

LA COMTESSE

Faites-y attention... je n'aime pas ça... Ah ! il faudra couper vos moustaches.

ANTOINE

Madame est bien bonne... mais elles ne me gênent pas.

LA COMTESSE.

C'est possible... mais un valet de chambre en moustaches, ce n'est pas convenable... vous les couperez aujourd'hui... ce soir.

ANTOINE

On en fera le sacrifice.

MARIETTE, à part.

Quel dommage !

LA COMTESSE

Maintenant débarrassez-vous de votre bois et laissez-moi écrire ma lettre...

(*Elle se remet à écrire.*)

ANTOINE, bas à Mariette qui le débarrasse de son bois.

Elle est sévère, madame.

MARIETTE, bas.

Pas méchante au fond... Ne dites rien, je tâcherai de faire maintenir vos moustaches.

LA COMTESSE, écrivant.

« Ma sœur Emma n'est pas encore revenue de Montlhéry... (*S'interrompant ; à elle-même.*) De quel département Montlhéry ?

ANTOINE, s'avançant avec son crochet.

(*Gracieux.*) Seine-et-Oise, madame la comtesse, 20 kilomètres de Corbeil...

LA COMTESSE, étonnée.

Hein ?

ANTOINE, continuant.

Sa tour fut élevée en 999 par Thibault... Louis VI la prit...

LA COMTESSE, au comble de l'étonnement.

Qu'est-ce que c'est que ça ?.. Comment savez-vous ça ?

ANTOINE

J'ai habité Montlhéry... et j'ai servi de guide aux étrangers...

LA COMTESSE

Ah !.. c'est différent. (*Elle continue à écrire.*)

MARIETTE, à Antoine.

Ah ! vous avez habité Montlhéry ?.. Est-ce drôle ? moi, je suis de Bayeux...

ANTOINE

Eh bien ?

MARIETTE

Je connais une demoiselle de Bayeux qui a épousé un homme de Montlhéry... avec des moustaches... et ils ont été très-heureux.

ANTOINE

Allons ! tant mieux !

LA COMTESSE, qui a plié sa lettre.

Mettons l'adresse... « Madame de Gardenville... à Loudun... (*Cherchant.*) Loudun ?.. Indre...

ANTOINE, s'avançant avec son crochet.

(*Gracieux.*) J'en demande pardon à madame la comtesse... mais Loudun est du département de la Vienne — 54 kilomètres de Poitiers — population...

MARIETTE, émerveillée.

Il sait tout! il sait tout!

LA COMTESSE, à part.

Ce n'est pas un domestique, c'est un dictionnaire de Bouillet! (*A Antoine.*) C'est bien... allez chercher le reste du bois.

(*Antoine sort.*)

SCÈNE QUATRIÈME

LA COMTESSE, MARIETTE.

LA COMTESSE, à part, soupçonneuse.

Un domestique... c'est étonnant. (*A Mariette.*) Il est très-fort sur la géographie, ce monsieur Antoine...

MARIETTE

Oui, mais il ne sait pas beaucoup le français.

LA COMTESSE

Comment?

MARIETTE

Ce matin, je l'ai entendu dire au concierge : mon ami, il faudrait que vous envoyassiez chercher ma malle... (*Riant.*) Ah! envoyassiez!.. Il doit être Belge!

LA COMTESSE

Voilà qui est singulier... et tu n'as rien remarqué d'extraordinaire dans ses manières, dans sa personne?

MARIETTE

Oh! si... tout à l'heure sa chambre était ouverte... j'y suis entrée..

LA COMTESSE

Hein?

MARIETTE

Par curiosité seulement... devinez ce que j'ai vu sur la table?

LA COMTESSE

Quoi?

MARIETTE

Une brosse à dents! un homme!

LA COMTESSE

Mais il me semble...

MARIETTE

Plus fort que ça! je l'ai entendu qui disait à un commissionnaire de lui faire venir un bain... avec un pédicure.

LA COMTESSE, étonnée.

Un pédicure!

MARIETTE

Un homme!

LA COMTESSE, apercevant Antoine qui rentre avec son crochet chargé de bois.

Le voici... silence! (*Elle se met à la table et prend un livre.*)

SCÈNE CINQUIÈME

LES MÊMES, ANTOINE.

ANTOINE, entrant, à part.

C'est éreintant ce métier-là !

MARIETTE

Attendez... je vais vous aider. (*Elle met les bûches dans le coffre à bois.*) Ah ! comme il a chaud !

ANTOINE

J'ai chaud... et soif.

MARIETTE, bas.

Chut ! il ne faut jamais avoir soif devant madame.

ANTOINE

Pourquoi ?

MARIETTE

Elle n'aime pas ça.

LA COMTESSE, à part.

Je vais le soumettre à une épreuve. (*Haut.*) Mariette !

MARIETTE

Madame ?

LA COMTESSE

En quelle année est donc mort Mazarin ?

MARIETTE, étonnée.

Mazarin ? qu'est-ce qu'il fait ?

ANTOINE, gracieux, s'avançant avec son crochet sur le dos.

En 1661, madame la comtesse... 1661.

LA COMTESSE

C'est un peu fort. (*Haut.*) Et Dagobert?

ANTOINE

622. (*A part.*) On ne me colle pas sur les dates!

LA COMTESSE, à part.

Ça, un domestique... jamais!.. mais qui est-ce? il faut que je le sache! Je cours chez ce monsieur Durand... j'espère qu'il n'aura plus les pieds à l'eau. C'est le jour de son rigolo. (*Haut.*) Mariette!

MARIETTE

Madame?

LA COMTESSE

Je sors... demande la voiture... tout de suite. (*A Antoine.*) Vous, frottez! vous savez frotter?

ANTOINE

Mais... légèrement.

LA COMTESSE, à part.

Un domestique qui connaît la date de la mort de Dagobert... il y a quelque chose là-dessous.

MARIETTE, qui a été prendre dans la coulisse un bâton de frotteur et une brosse ; à Antoine.

Tenez, voilà le bâton et la brosse.

LA COMTESSE, à Mariette.

Vite! la voiture!.. je vais prendre mon chapeau. (*A Antoine.*) Vous, frottez!

(Elle entre à droite et Mariette sort par le fond en emportant le crochet vide.)

SCÈNE SIXIÈME

ANTOINE, seul, le bâton à frotter à la main.

Frotter! frotter! mais sapristi! ce n'est pas mon état... je suis artiste, je suis peintre. (*Se présentant.*) Eusèbe Boucaruc... lauréat du collége Stanislas... premier prix d'histoire et de chronologie... On ne me colle pas sur les dates! Comme peintre, je suis connu... je ne vends pas encore... mais je suis connu... de tous mes amis. L'année dernière j'ai exposé au Salon... des invalidés une Hérodiade, une tête de saint Jean sur un plat... elle a beaucoup plu... Cette année, j'ai entrepris une grande toile... un sujet historique... qui n'a pas été traité depuis longtemps... Judith et Holopherne!.. J'ai choisi le moment où Judith tient à la main la tête d'Holopherne... c'est un pendant à ma tête de saint Jean... Moi, je suis pour les morceaux détachés... Le difficile était de me procurer une Judith... où rencontrer cette tête inspirée, ce profil biblique, cette énergie dans la grâce et dans la pudeur?.. J'ai vainement parcouru tous les bals publics... rien!.. rien!.. des cocottes! J'allais renoncer à mon œuvre... lorsqu'il y a trois jours, chez Bourbonneux, un pâtissier, je me trouve en face d'une apparition... qui mangeait un petit pâté chaud, aux crevettes. Ciel! m'écriai-je... tout bas, c'est elle! mon idéal! ma Judith! Je la suis, j'apprends qu'elle est veuve, comtesse et qu'elle cherche un valet de chambre. Crac! une inspiration me tombe dans le cerveau... J'achète son certificat à un nommé Antoine Petit-Gras... un vilain nom!.. j'endosse une livrée, je me présente comme domestique et l'on m'arrête, et depuis hier je fends du bois, et maintenant je me dispose à frotter... Oh! l'amour de l'art! Mais je la vois, je l'étudie, je me la mets dans l'œil. (*Tirant un album de sa poche.*) J'ai déjà commencé une petite ébauche... quand elle me tourne le dos, je la croque... ce n'est même pas très-commode pour saisir la ressemblance... La comtesse a un défaut, elle est trop gracieuse, elle sourit toujours, c'est une affabilité perpétuelle... Moi, ça ne me va pas... que diable! Quand Judith a procédé à son opération, elle a dû avoir un petit mouvement de sévérité! Ce n'est rien ce que je demande... c'est un pli, un froncement de sourcil, un trait!.. mais il me le faut!.. Oh! je l'aurai! Je ferai mettre la comtesse en colère... elle a un perroquet... si je lui apprenais des inconvenances?

SCÈNE SEPTIÈME

ANTOINE, MARIETTE.

MARIETTE, entrant avec une bouteille de vin et un verre qu'elle cache derrière son dos.

Chut!

ANTOINE

Quoi?

MARIETTE

Madame n'est pas là... vite!.. buvez! (*Elle emplit le verre.*)

ANTOINE, étonné.

Du vin!

MARIETTE

On connaît votre faible.

ANTOINE

Comment, mon... (*A part.*) Ah ! oui ! celui de Petit-Gras.

MARIETTE

Dépêchez-vous !

ANTOINE, à part.

Jouons mon rôle. (*Il avale le verre de vin et fait la grimace.*)

MARIETTE

Vous préférez peut-être le blanc ?

ANTOINE

Oh ! je n'ai pas positivement de préférence ! (*Il lui tend son verre pour le lui rendre.*)

MARIETTE, se méprenant sur son intention.

Non !.. c'est assez d'un !

ANTOINE

Je n'en redemandais pas !

MARIETTE

Écoutez-moi, monsieur Petit-Gras.

ANTOINE, à part.

Quel fichu nom !

MARIETTE

Je comprends qu'un homme comme il faut boive un verre de vin pour se distraire... deux même !.. Le vin rend l'homme aimable... Mais ce que je n'admets pas... ce que je n'admettrai jamais... c'est qu'une personne distinguée, instruite, élégante... se livre à des excès de boisson...

ANTOINE

Je vous jure !

MARIETTE

Si c'est un serment, je l'accepte... (*Le regardant avec douceur.*) je saurai le reconnaître...

ANTOINE

Hein ?

MARIETTE

Dans la mesure permise !.. Monsieur Antoine, je vous remercie de votre sacrifice, j'en suis touchée... et pour vous en récompenser... tenez ! encore un verre. (*Elle verse.*)

ANTOINE, vivement.

Ah ! mais non !

MARIETTE, lui présentant le verre plein.

Je le permets... C'est moi qui vous le demande !

ANTOINE, à part, buvant.

Sapristi ! est-ce qu'elle va m'entonner du vin comme ça toute la journée ?

(*Voix de la comtesse dans la coulisse.*)

Mariette ! Mariette !

MARIETTE

C'est madame, frottez !
(*Elle cache la bouteille et le verre derrière son dos.*)

SCÈNE HUITIÈME

LES MÊMES, LA COMTESSE.

LA COMTESSE, en toilette de visite.

Eh bien ! la voiture ?

MARIETTE

J'ai dit au cocher d'atteler.. Je vais voir.

(*Elle sort.*)

LA COMTESSE, regardant Antoine qui frotte le parquet près de la cheminée.

Comme il frotte gauchement ! (*Respirant.*) Il sent le vin !

ANTOINE, à part.

C'est peut-être le moment de la faire mettre en colère... Si je cassais quelque chose ? (*Il pousse avec son bâton un des vases qui est sur la cheminée, le vase se casse.*) Patatras ! (*Il tire vivement son album et regarde la comtesse.*)

LA COMTESSE, éclatant de rire.

Le vase de ma tante ! Ah ! ah ! ah ! c'est charmant ! J'en parlais ce matin.

ANTOINE, à part.

Elle rit ! (*Il remet son album dans sa poche.*)

LA COMTESSE, gaiement.

Il en reste un... ne vous gênez pas.

ANTOINE, à part.

Elle n'est pas sensible à la casse... il faudra que je trouve autre chose.

MARIETTE, entrant.

Madame, la voiture est prête.

LA COMTESSE, gaiement.

Tu ne sais pas... il a cassé le vase !

MARIETTE, riant.

Il a cassé le vase !.. Ah ! elle est bien bonne ! (*Mariette et la comtesse éclatent de rire.*)

ANTOINE, riant aussi, sans comprendre.

Oui... j'ai cassé le vase !.. (*A part.*) Il paraît que j'ai fait quelque chose de très-drôle !

MARIETTE

Ah ! madame, j'oubliais... une lettre qu'on vient d'apporter pour vous.

LA COMTESSE, ouvrant la lettre, à part.

Tiens ! de monsieur Durand... il m'envoie les renseignements que j'allais lui demander. (*A Mariette.*) Dis au cocher de dételer... je ne sors plus.

MARIETTE

Bien, madame. (*Bas à Antoine, en sortant.*) Vous pouvez casser l'autre. (*Elle sort en riant.*)

(*Antoine ramasse les morceaux du vase cassé pendant que la comtesse lit sa lettre.*)

LA COMTESSE, lisant à part.

« Madame, connaissant l'intérêt que vous prenez à ma

« santé, je vous dirai que je vais mieux. » (*Parlé.*) Ça, ça m'est égal. (*Antoine sort pour porter les morceaux du vase au dehors. — Seule, lisant.*) « Vous trouverez « dans cette lettre, sous enveloppe, la photographie « d'Antoine Petit-Gras. » (*Parlé.*) Qu'est-ce qu'il veut que j'en fasse ? (*Lisant.*) « Ayant pour principe de con« sidérer tous les domestiques comme des voleurs, jusqu'à « preuve contraire, j'ai pour habitude, quand un servi« teur se présente chez moi, de faire faire douze de ses « photographies... Je lui en offre onze... ce qui le « flatte... et je garde la douzième pour moi, afin de le « faire pincer s'il file avec mon argenterie. » (*Parlé.*) Voilà un original... (*Décachetant la seconde enveloppe.*) Voyons cette photographie... (*Regardant.*) Hein ?.. Mais ce n'est pas lui !.. ce n'est pas lui du tout ! Mais alors quel est donc cet homme qui s'est introduit chez moi ?.. et dans quel but ?.. Voilà que j'ai peur... si c'était un voleur... j'ai un moyen de le savoir... je vais lui tendre un piége. (*Elle tire son porte-monnaie et compte son argent.*) Cent francs... juste ! (*Elle place son porte-monnaie sur la table et sonne.*)

ANTOINE, paraissant.

Madame ?

LA COMTESSE, à part, regardant Antoine.

Oh ! mais ça ne lui ressemble pas du tout ! (*Haut.*) Rangez sur cette table... c'est dans un désordre... (*Elle sort.*)

SCÈNE NEUVIÈME

ANTOINE, puis MARIETTE.

ANTOINE, seul.

Cette pauvre comtesse... Avec tout ça, je lui ai cassé un vase... Honnêtement, je dois le rembourser... Je ne suis pas venu ici pour lui causer du dommage... (*Examinant le vase qui reste sur la cheminée.*) Qu'est-ce que ça peut valoir, ça ? C'est du Creil... pas beau ! (*Retournant le vase.*) Tiens ! le prix est dessous... 60 francs !.. C'est très-commode. (*Il replace le vase, il tire son porte-monnaie.*) Nous disons trois louis... mais je ne peux pas lui mettre ça dans la main... (*Cherchant autour de lui.*) Où diable ?.. Ah ! elle a oublié son porte-monnaie. (*Il le prend, y remet les trois louis et le repose sur la table.*) Là... c'est fait... voilà une affaire réglée.

MARIETTE, entrant avec une bouteille et un verre.

Chut !

ANTOINE

Quoi ?

MARIETTE, lui montrant la bouteille.

C'est du blanc !

ANTOINE, vivement.

Ah ! merci !.. je n'ai pas soif !.. d'ailleurs j'ai juré... et quand j'ai fait un serment !..

MARIETTE

Ah ! c'est bien, ça, monsieur Antoine... Ils sont rares les hommes qui tiennent leurs serments !

ANTOINE

Moi, je suis comme ça !

MARIETTE

J'ai entrepris de vous réformer...

ANTOINE, à part.

On ne s'en douterait pas.

MARIETTE

Mais je n'entends pas vous rendre malheureux et vous priver tout d'un coup...

ANTOINE

Vrai ! ça ne me prive pas !

MARIETTE

Oh ! je sais à quoi m'en tenir. (*Emplissant le verre.*) Allons ! un seul... je le permets.

ANTOINE, refusant.

Non... merci !

MARIETTE

Puisque c'est du blanc... A ma santé... vous ne refuserez pas.

ANTOINE, prenant le verre, à part.

Elle est ennuyeuse avec son tic... je ne suis pas habitué à boire du vin comme ça dans le jour. (*Buvant.*) Il est encore plus mauvais que l'autre.

MARIETTE, avec sentiment.

C'est du mien!

ANTOINE

Eh bien! je regrette que vous ayez eu la bonté de vous en priver.

MARIETTE

Chut! Madame... frottez!

SCÈNE DIXIÈME

LES MÊMES, LA COMTESSE.

LA COMTESSE, entrant, à Mariette.

A-t-on prévenu le coiffeur pour ce soir?

MARIETTE

Oui, madame.

LA COMTESSE, à part, regardant sur la table.

Mon porte-monnaie a été dérangé... c'est assez clair. (*Haut.*) Mariette.

MARIETTE, s'approchant.

Madame?

LA COMTESSE, à voix basse.

Descends dans la rue et prie un sergent de ville de monter.

MARIETTE, étonnée.

Comment, madame?

LA COMTESSE, bas.

Fais ce que je te dis.

(Mariette sort.)

SCÈNE ONZIÈME

LA COMTESSE, ANTOINE, puis MARIETTE.

ANTOINE, à part, regardant la comtesse.

Toujours calme et souriante... c'est désespérant.

LA COMTESSE, prenant son porte-monnaie et comptant en tournant le dos à Antoine, à part.

Cent... cent soixante! Comment!.. il en a remis!!! (*Elle regarde Antoine. Celui-ci frotte avec acharnement.*) Alors ce n'est pas un voleur!

MARIETTE, entrant.

Madame... la personne est là.

LA COMTESSE

C'est bien... c'est inutile... elle peut se retirer... cours chez ma couturière pour ma robe... il va être quatre heures.

MARIETTE

Tout de suite, madame. (*Bas à Antoine, avant de sortir.*) J'ai mis la bouteille et le verre dans la potiche du petit salon. (*Elle sort.*)

SCÈNE DOUZIÈME

LA COMTESSE, ANTOINE.

LA COMTESSE, à part.

Un homme, qui s'introduit chez une jeune femme sous des habits d'emprunt, et qui n'est pas un voleur, ne peut être qu'un amoureux. S'il est amoureux, il doit être jaloux... Je vais le forcer à se trahir. (*Haut.*) Antoine!

ANTOINE, s'approchant.

Madame la comtesse ?

LA COMTESSE

Approchez... (*Antoine s'approche. — A part.*) Il sent toujours le vin. (*Haut.*) Je vous crois un serviteur fidèle, dévoué, et je vais vous donner une preuve de ma confiance...

ANTOINE

On se fera un devoir de la mériter.

LA COMTESSE

J'attends ce soir la visite... d'un jeune homme...

ANTOINE, tranquille.

Bien, madame.

LA COMTESSE

D'un jeune homme brun... pâle... et distingué... (*A part.*) Il ne bouge pas... (*Haut.*) C'est le prince de... de Santo-Negro... un Italien...

ANTOINE

Bien, madame.

LA COMTESSE

Il frappera trois coups à la petite porte du jardin... et vous l'introduirez secrètement et sans bruit... dans mon boudoir... Ça a l'air de vous contrarier ?

ANTOINE

Moi ? ça m'est bien égal !

LA COMTESSE

Ah!.. Ce prince a un très-vif penchant pour moi... nous devons nous marier... De mon côté, je n'ai pu rester insensible à ses attentions... Enfin, je l'aime! (*Voyant qu'Antoine ne bouge pas.*) Je l'aime ! ! !

ANTOINE, très-calme.

J'avais bien entendu.

LA COMTESSE, à part.

Rien ! pas un mouvement !.. Ah ! ça, qu'est-ce que c'est que cet animal-là ?

ANTOINE, à part.

Puisqu'elle aime, j'ai un bon moyen de la faire mettre en fureur... J'aurai ma Judith ! (*Haut.*) Madame la comtesse veut-elle me permettre de lui faire respectueusement une observation ?

LA COMTESSE

A moi? parlez!

ANTOINE

Je crains que madame la comtesse ait mal placé... ses inspirations.

LA COMTESSE

Comment !

ANTOINE

Je ne voudrais pas déchirer le cœur de madame la comtesse ; mais, entre nous, le prince de Santo-Negro...

LA COMTESSE

Vous le connaissez ?

ANTOINE

A fond !.. à fond !

LA COMTESSE, à part.

C'est un peu fort ! je viens de l'inventer !

ANTOINE

Le prince n'est peut-être pas digne de l'intérêt que lui porte madame la comtesse.

LA COMTESSE

Vraiment ? et pourquoi ?

ANTOINE

Je ne sais si je dois... je vais porter un coup à madame la comtesse.

LA COMTESSE

Allez donc !

ANTOINE

Eh bien !.. le prince a une intrigue ! (*Voyant que la comtesse ne bouge pas.*) Il a une intrigue, le prince ! ! !

LA COMTESSE, froidement.

J'avais bien entendu.

ANTOINE, à part.

Elle ne sourcille pas! (*Haut.*) Que dis-je, une intrigue! il en a deux!.. avec trois danseuses... à la fois!

LA COMTESSE, souriant.

Ah! bah! — Continuez donc.

ANTOINE, à part.

Toujours son sourire! (*Haut.*) Il dit qu'il veut vous épouser... c'est faux... Il est marié!! (*Voyant que la comtesse reste calme.*) Il est marié le prince... à Rome!!!

LA COMTESSE

Tiens! tiens! A-t-il fait un beau mariage?

ANTOINE, à part.

Ah! ça, elle est donc en bois? (*Haut, s'échauffant.*) Le misérable!.. Je le dis respectueusement... c'est un misérable... qui fait miroiter à vos yeux une position qu'il ne peut vous offrir, une fortune qu'il a dissipée dans le désordre et le libertinage!.. Il se fait un jeu de l'honneur des femmes! il brise les cœurs, dessèche les âmes...

LA COMTESSE, éclatant de rire.

Oh! Assez! assez! ce pauvre prince! (*Elle tombe dans un fauteuil en éclatant de rire.*)

ANTOINE, à part.

Elle rit! — Ah! j'y renonce, je vais lui demander mon compte!

SCÈNE TREIZIÈME

LES MÊMES, MARIETTE.

MARIETTE, entrant.

Madame, je viens de chez la couturière.

LA COMTESSE

Eh bien ?

MARIETTE

La robe ne sera prête que demain.

LA COMTESSE, se levant, furieuse.

Demain !.. demain !.. C'est impossible ! Je suis d'une colère !

ANTOINE, tirant vivement son album et dessinant.

Vous y êtes !.. ne bougez pas ! ne bougez pas !

LA COMTESSE

Quoi ?.. Qu'est-ce que vous faites là ?

ANTOINE

Votre portrait... Je le tiens ! ne bougez pas !

LA COMTESSE, s'approchant.

Comment, mon portrait ? (*Regardant l'album.*) Mais c'est celui de Mariette !

ANTOINE

Par exemple !

MARIETTE

Voyons. (*Regardant l'album.*) Tiens !.. ça ressemble à la cuisinière !

ANTOINE

Allons donc !

LA COMTESSE

Enfin, monsieur, qui êtes-vous ? Que voulez-vous ?

ANTOINE

Vous allez le savoir... Voici ma carte. (*Il la lui remet.*) Je suis connu.

LA COMTESSE, lisant.

« Eusèbe Boucaruc... » Qu'est-ce que c'est que ça ?

MARIETTE, à part.

Ça doit être un marchand de vin du Midi.

ANTOINE

Boucaruc... l'auteur de l'Hérodiade exposée l'année dernière.

LA COMTESSE

Alors vous êtes peintre...

ANTOINE

Peintre de valeur, oui, madame.

LA COMTESSE

Et que venez-vous faire chez moi... sous cette livrée ?

ANTOINE

Je ne sais comment me faire pardonner... J'avais besoin d'une Judith pour trancher la tête d'Holopherne... et j'ai pensé à vous.

LA COMTESSE

Merci bien !

ANTOINE

Je vous ai vue chez un pâtissier... Bourbonneux... L'amour de l'art m'a poussé... et j'ai endossé cette livrée pour immortaliser vos traits au Salon prochain.

LA COMTESSE

Comment, monsieur, vous voulez me mettre à l'exposition ?

ANTOINE

Accordez-moi cette grâce... il y va de mon avenir...

LA COMTESSE

Au fait... j'y consens. (*A part.*) Ça ressemble à Mariette. (*Haut.*) Si toutefois Mariette donne son autorisation.

MARIETTE

Moi, volontiers. (*A part.*) C'est le portrait de la cuisinière.

ANTOINE, à la comtesse.

Vous êtes un ange ! et si j'avais à vous peindre, je mettrais sur le livret : portrait de la comtesse trois-étoiles ! la grâce dans un sourire !

LA COMTESSE, saluant.

Ah !.. (*A part.*) Il est bête... mais pas méchant.

ANTOINE, saluant.

Madame... il me reste à vous remercier...

LA COMTESSE, le rappelant.

Pardon... Savez-vous peindre les animaux ?

ANTOINE

Je peins tout !.. et le reste !

LA COMTESSE

J'ai un singe auquel je suis très-attachée...

ANTOINE

Je l'immortaliserai, madame ! (*A part.*) Enfin, j'ai une commande ! (*Haut. — Saluant.*) Madame... mademoiselle...

LA COMTESSE et MARIETTE

Monsieur...

Rideau.

ENTRE LA SOUPE ET LES LÈVRES

Soliloque en vers

Par M. Ernest D'HERVILLY

PERSONNAGE

UN MONSIEUR.

Le théâtre représente l'intérieur du passage Jouffroy.

ENTRE LA SOUPE ET LES LÈVRES

Il — c'est-à-dire un monsieur qui, au collège de l'Amour, doit être au moins en rhétorique (vétéran) — arrive essoufflé. — Après avoir successivement consulté une horloge publique et sa montre, il murmure, en marchant à grands pas.

Bon ! — Je suis en avance : encor quatre minutes.
(Il étreint sa poitrine d'une main fiévreuse.)
Ouf!—Ah! mon pauvre cœur, jamais! jamais vous n'eûtes
De battements pareils, — même en ces temps lointains
Où, d'heureux soirs suivant de radieux matins,
Le rossignol hardi de la vingtième année
Chantait, là, nuit et jour, sa chanson effrénée !
Jamais on ne me vit consulter, avec l'air
Ému que j'ai ce soir, tes horloges, Wagner !
Bref, au blanc-bec jamais (je l'avoue, homme grave)
L'attente ne causa d'angoisse plus suave !..

Or j'attends,—en croquant le plus doux des marmots,—
Une femme que j'aime, et qui m'a dit ces mots,
Ces mots qui m'ont ravi jusques au fond de l'être,
Ces mots que j'écoutai, tremblant comme doit l'être
Un jour d'avénement le moutardier d'un roi :
— « Sept heures, demain soir,.. au passage Jouffroy. »
En me disant cela, sur sa bouchette rose
Elle mit son doigt fin, avec l'aimable pose

Que montre sur les quais, au bouquineur distrait,
L'estampe intitulée : « *Au moins, soyez discret?* »

(Avec expansion.)

Cher passage Jouffroy ! Gai tunnel ! je t'adore !
Jadis, sous un balcon, gêné par sa mandore,
On attendait sa belle en effeuillant des vers ;
Maintenant, — ô mon siècle épris de faits-divers ! —
Dans un endroit banal : passage, square ou gare,
On fait le pied de grue en fumant un cigare ;
Mais — triste pour un rien, pour un rien triomphant, —
Ah ! l'Amour est resté le même absurde enfant !

(Il interroge sa montre.)

Sept heures ! — Ciel ! — Voici l'instant que tout poëme
De comique-opéra traiterait de « suprême » ;
Encore une seconde, et mon bonheur éclot !

(Plein de mépris pour les vanités humaines.)

Emprunt municipal, que me fait ton Gros Lot
En ce moment béni ? — « *Raca!* » — Je te méprise !
Quelle âme peut rester d'un dividende éprise
Quand ma Georgette va montrer son petit nez
Au bout de ce passage, où des gens obstinés
Vont et viennent au lieu d'aller dans leurs familles !

(Un horizon délicieux s'offre soudain à son esprit.)

Ah ! frissons des ruisseaux, murmures des charmilles,
Gazouillements d'oiseaux sous les cieux irisés,
A côté du froufrou des jupons empesés
Qui vont battre tantôt sur mes bottes vernies,
Vous êtes, voyez-vous, de pâles harmonies !

(Il s'égare en un rêve charmant.)

Elle vient... je le sens au tumulte étonnant
Que fait mon sang heureux sous mon front maintenant ;
Elle vient !.. je la vois qui descend de voiture
Au coin du boulevard... O Nature ! Nature !..

Elle donne au cocher un pourboire insensé;
Puis, montrant sa bottine, et le voile baissé,
Elle s'élance avec la grâce des corvettes...

(Souriant.)

Et nous dînons ensemble ! — Elle aime les crevettes,
Du moins, je le suppose ; eh bien ! elle en aura.
En les décapitant son œil me sourira...
Et ce sera charmant de manger... Mais, que dis-je ?
Suis-je fol ? et par quel très-singulier prodige
Parlé-je, tout à coup, de mangeaille, ici-bas ?

(Il regarde l'heure à sa montre.)

Sept heures dix. — J'y suis ! — L'estomac qu'on n'a pas
Consulté, tout à coup prend la parole, et risque
Son petit mot. Je crie : Amour ! il répond : Bisque !..

(Complaisamment, la salive aux lèvres.)

Beurre frais... pain croquant... sole... perdreau rôti...

(Se frappant l'estomac avec indignation.)

Ah ! silence... mon cœur ! et prends-en ton parti.
La consigne est d'attendre : attendons !—Soyons calme.
Il faut être un martyr pour mériter la palme.
Souffrons.— Ne lorgnons plus, au seuil des restaurants,
Le menu des dîners et leurs prix différents...

(Nouveau coup d'œil à la montre.)

Sept heures quinze... Rien ! — Allons, l'homme projette
Et la femme dispose. — O Georgette ! Georgette !
Elle n'a donc pas faim ?—Mais j'y songe,— grand Dieu !
Peut-être le cocher qui la mène en ce lieu
A lu Racine, hélas ! et, ruminant ses peines,
Sa main sur ses chevaux laisse flotter les rènes...
Et ses chevaux s'en vont du pas tranquille et lent
Des bœufs qui promenaient le monarque indolent
Dans Paris autrefois... Allons, bon ! je récite
Du Boileau maintenant, que rien ne nécessite !

Mais je perds tout à fait la tête, en vérité!

(Regard à la montre.)

Sept heures vingt. — Personne! — Ah! fiacre détesté,
Toi que le macadam paillette de ses boues,
Puisse le feu du ciel, tortue à quatre roues,
Te dévorer un jour pour prix de tes lenteurs
Ainsi que ton cocher nourri des bons auteurs!

(Une odieuse réflexion s'épanouit dans son cerveau.)

Ciel!—(quel affreux soupçon!)— Ce pendant que je sacre
Après ce vil cocher, ses chevaux et son fiacre,
Peut-être que Georgette... oubliant son serment...

(Avec un ineffable sourire de confiance.)

Non! — Le royal distique inscrit au diamant
Sur une vitre est faux : — « *Bien fol est qui s'y fie* »
A dit François Premier dans sa philosophie
Impertinente... Eh bien! je dis qu'il avait tort
De s'exprimer ainsi, ce monarque au nez fort!..

(Absolument rassuré sur ce point.)

Non!—ma Georgette m'aime!—Elle m'aime, et, crédule,
Sans doute elle se fie (enfant!) à sa pendule
Qui retarde d'une heure, ou qui ne marche plus.
Oui, je suis le jouet du flux et du reflux
De mes tristes pensers, mais elle est innocente!
Tandis que je t'accuse, ô bien-aimée absente,
Tu reconnais soudain ton erreur, et tu pars,
Telle Diane allant chasser les léopards,
Et ton cher petit pied arpente au loin l'asphalte!

(Coup d'œil à la montre.)

Huit heures moins un quart!

(Ses jambes fléchissent sous lui, mais il se redresse héroïquement.)

Je... Soyons de basalte.
Dix minutes encor! — Mais après... le mépris!!
Dix minutes! — Marchons. — Les boutiquiers, surpris,

Du fond de leur comptoir m'examinent ; leur bouche
Semble dire tout bas : — « Ceci nous paraît louche :
« Quel est donc ce monsieur ? Quelle étrange pâleur !
« Il a tous les aspects distingués d'un voleur...
« Veillons au grain ! » — Ma foi, circulons, c'est plus sage,
Avec un air bonhomme, à travers le passage ;
Honorons d'un coup d'œil distrait les magasins
Remplis — le Progrès fit toile et papier cousins —
De faux faux-cols valant les faux-cols authentiques.
C'est cela. Regardons, en enfant, les boutiques
Où le Petit-Noël vient remplir ses sabots :
Ah ! que ces éléphants en baudruche sont beaux !
Et ce tigre abricot, mais rayé comme un zèbre,
Qu'il fut joli ! — Son ventre a pris un air funèbre
Depuis quelques jours. Oui. — Ce que c'est que de nous !
C'est égal, ces ballons sont admirables — tous ;
Ils flottent, à ravir les anges, à la voûte
Du passage Jouffroy : leur carrière est là toute...
Et la brise du soir les berce tour à tour...

(Regard aux horloges.)

Huit heures moins trois... Oh !

(Il se presse l'estomac.)

C'est le bec du vautour
Qui me ronge ! — J'ai faim comme, sur un rivage
Où nul marin n'aborde, un malheureux sauvage !

(D'un air affreux.)

Un naufragé, parfois, c'est succulent, dit-on ?

(Vaincu.)

Ah ! l'heure du berger me parle... du mouton...

(Avec tendresse.)

Du mouton !.. un gigot !.. saignant !.. et qu'environne
L'innocent haricot !..

(Déclamant.)

— « *Un cheval ! ma couronne*

« *Pour un cheval !* » criait, à Bosworth, Richard Trois ;
Et moi, je crie aussi : Je cède tous mes droits
D'aînesse pour un plat de lentilles... à l'huile !
La faim, sur mon amour, tombe, effroyable tuile,
Et l'inanition arrive à pas pressés :
Un potage ! un potage !

(Avec un effort suprême, il veut imposer silence à son estomac.)

Assez, viscère, assez !

(Dernier regard à la montre.)

Huit heures ! — Je suis mort ! — et mon amour s'envole.
Idylle, adieu ! Bonsoir, ô passion frivole !
J'ai faim ! ! — A bas Georgette avec son air câlin !
Je m'appelle Gustave et non pas Ugolin !
Je veux souper, moi, là ! je n'admets plus d'excuse.

(Exaspéré.)

Non ! tu ne m'auras pas, Radeau de la Méduse !
Allons-nous-en. C'est dit ! Mon amour adoré !
Sur le premier beefsteack que je rencontrerai
Sans crier gare, seul, comme un loup je me jette :
Allons, en route, lâche !

(Au moment où il s'enfuit, une robe bien connue se montre au loin.)

Avec le ciel dans le cœur :

Ah ! la voilà !.. Georgette !

Rideau.

VOLTE-FACE

Comédie en un acte, en vers

Par M. Émile GUIARD

A mon maître, à mon oncle ÉMILE AUGIER,

Hommage de profonde affection.

Émile GUIARD.

PERSONNAGES

GASPARD.
DE TERNIS.
BLANCHE D'ABRINCOURT.
CLÉMENCE.
URSULE AIGREMONT.

La scène se passe à Guérande, de nos jours.

VOLTE-FACE

Un salon chez madame d'Abrincourt. — Porte au fond. — Portes latérales à droite et à gauche, pans coupés. — Fenêtre à droite, premier plan; cheminée à gauche, premier plan.

SCÈNE PREMIÈRE

BLANCHE, CLÉMENCE.

(Blanche, un miroir à la main, entre suivie de Clémence.)

BLANCHE

Est-ce fait?

CLÉMENCE, mettant la dernière main à la toilette de Blanche.

Oui, marraine, et bien fait, je m'en vante.
Mais d'après l'humble avis de votre humble servante,
Dépêchez-vous de faire admirer vos atours;
Car, dans huit jours, adieu toilette.

BLANCHE

Dans huit jours?

CLÉMENCE

Votre oncle reviendra de voyage, marraine;
Il vous faudra rentrer dans vos robes de laine,

Prendre un voile de nonne, et ne plus oublier
Quel honneur c'est d'avoir un oncle marguillier !

BLANCHE

Mon oncle est un saint homme, et ton irrévérence...

CLÉMENCE

D'un saint homme il est vrai qu'il garde l'apparence ;
Mais à ces faux airs-là je m'attache fort peu :
Dès que sa bourse est vide, il condamne le jeu ;
Il prétend fuir les bals pour faire pénitence,
C'est qu'il est né trop gros pour apprendre la danse ;
Il est vif quelquefois, mais répare ses torts
Quand sa vivacité s'adresse à des butors ;
Il proclame partout, depuis son aventure,
Que le duel est contraire aux lois de la nature,
Et que c'est Dieu qu'il craint d'offenser ; c'est fort beau !
Mais il n'a de respect que celui de sa peau,
Et s'est fait sur le duel une règle sévère
Qui lui sert à blâmer ce qu'il n'ose pas faire.

BLANCHE

Oh ! le duel est horrible, et mon oncle a raison.

CLÉMENCE

Fera-t-il donc toujours la loi dans la maison ?
Çà ! que ne prenez-vous aussi, pour lui complaire,
Un mari de son choix, doux, timide, exemplaire ?

BLANCHE

Oh ! j'entends là-dessus ne voir que par mes yeux :
Je suis majeure et libre.

CLÉMENCE

Et que vous feriez mieux

De ne jamais tenter une nouvelle épreuve !
Vous avez eu déjà la chance d'être veuve ;
Qui sait si, regrettant plus tard un second choix,
Vous gagneriez le quine une seconde fois ?

BLANCHE

Je ne peux pourtant pas vivre seule à mon âge.

CLÉMENCE

Et vous consentiriez, pour rentrer en ménage,
A prendre monsieur Charle ?

BLANCHE

Est-ce qu'il te déplaît ?
Parle... Oh ! tu peux parler.

CLÉMENCE

D'abord il est trop laid ;
Et, de plus, non content d'être un fat ridicule,
Il est double et retors, comme sa sœur Ursule.
— Vous croyez qu'il vous aime ?

BLANCHE

Il le prétend.

CLÉMENCE

Chanson !
Chanson pure !.. Il se fait de l'amour par raison :
C'est l'argent seul qu'il aime ; il le poursuit sans cesse,
Et regarde bien moins la femme que la caisse.
— Mais, puisque votre main vous gêne, donnez-la
A monsieur de Ternis.

BLANCHE

Qu'imagines-tu là ?

CLÉMENCE

Pourquoi, depuis un mois, viendrait-il à Guérande
Apporter si souvent offrande sur offrande,
S'il n'avait quelque espoir d'être un jour votre époux ?

BLANCHE

Pour mes pauvres.

CLÉMENCE

Qui donne aux pauvres prête... à vous,
Marraine ; le produit de la quête varie
Suivant que la quêteuse est plus ou moins jolie,
Et les pauvres sont bien heureux que le chemin
De l'aumône, en ce cas, passe par votre main.

BLANCHE

Tu perds la tête.

CLÉMENCE

Et vous, simple comme vous l'êtes,
Pour qui déployez-vous ce luxe de toilettes ?
Pour monsieur Charle ?

BLANCHE

Non... pour personne... pour moi !
(Bruit dans la coulisse.)
Cette voix ?..

GASPARD, ouvrant la porte, à la cantonade.

Mes paquets dans ma chambre.

CLÉMENCE

Oui, ma foi !
C'est lui !

SCÈNE DEUXIEME

LES MÊMES, GASPARD.

BLANCHE

Vous, mon oncle !

GASPARD

Oui. — Vous voilà bien surprise !

BLANCHE, à Clémence.

Ne m'abandonne pas, je pressens une crise.

CLÉMENCE, à part.

Il ne peut pas rester trente-deux jours absent !

GASPARD

Vous ne m'attendiez pas sitôt, convenez-en.
— Mon voyage est manqué.

CLÉMENCE, à part.

Quel malheur ! Le pauvre homme !

GASPARD

J'étais en Italie, et je n'ai pas vu Rome,
Grâce à vous.

BLANCHE

Grâce à moi ?

GASPARD

Je reviens furibond ;
Car il se passe içi !..

BLANCHE

Que se passe-t-il donc ?

GASPARD

Tu, tu ! — Vous n'avez plus tant de détours à prendre :
On sait tous vos méfaits.

BLANCHE

Peut-on me les apprendre ?

GASPARD

Oui ! Faites donc l'Agnès ! C'est plaisant ! — Au surplus,
Votre décolletage effronté m'en dit plus
Que la lettre...

BLANCHE

La lettre ?

GASPARD

Oui, oui, j'ai ma police...
Quel est ce Parisien, ce Ternis qui se glisse
Furtivement chez moi, quand je ne suis pas là ?

BLANCHE

Voilà donc ces méfaits ?..

GASPARD

Oui, certes, les voilà !
Et mon reproche a bien le droit d'être sévère,
Quand je viens tout exprès de Gènes... pour le faire.

CLÉMENCE, à part.

Ne faut-il pas encor qu'on lui dise merci !

GASPARD

Ça ! depuis quand ce bel oiseau vient-il ici,
Et comment se peut-il faire qu'il vous connaisse ?

BLANCHE

N'ai-je pas des devoirs de dame patronnesse ?

Si ces visites-là sont peu de votre goût,
Une lettre de quête est la cause de tout,
Oui. — Monsieur de Ternis vient un jour à Guérande,
Tenant à m'apporter lui-même son offrande ;
Et là, ne sachant pas, pour donner son argent,
Où trouver le chemin qui mène à l'indigent,
Il hésite, et me prie enfin d'être assez bonne
Pour laisser par mes mains passer tout ce qu'il donne ;
J'accepte ; et sans jouer à l'amoureux fervent,
Comme il est charitable, il vient assez souvent,
Voilà tout !

GASPARD

Mais, pour croire une fable pareille,
Ne découvrez-vous pas le bout de son oreille,
Et sous ses charités l'intention qu'il a ?
— L'enfer en est pavé de ces charités-là ! —
Ce qu'il veut, c'est graisser le marteau de la porte
Pour s'introduire ici plus aisément.

BLANCHE

Qu'importe,
Si mes pauvres, mon oncle, y trouvent leur profit ?

GASPARD

Mais votre honneur en souffre, et cela me suffit.
Il n'est bruit que de vous et de lui dans la ville ;
Et, j'en réponds, ma nièce, il n'a d'autre mobile
Que de vous séduire.

BLANCHE

Oh !

GASPARD

C'est un franc libertin.

Vous dis-je.

BLANCHE

Qui vous fait croire ?..

GASPARD

J'en suis certain;
Et je sais des détails si graves sur son compte,
Que je baisse les yeux lorque je les raconte!

BLANCHE

Vraiment?

GASPARD

Est-il venu demander votre main ?

BLANCHE

Pas encore.

GASPARD, triomphant.

Eh bien donc ?

CLÉMENCE, à Gaspard.

Mais s'il venait demain,
En dépit du vilain portrait que vous en faites,
Que répondriez-vous ?

GASPARD, après une hésitation.

Qu'il est criblé de dettes,
Et qu'en vous recherchant, son inclination
Est toute du côté de ma succession.
Mais s'il vient, plein d'ardeur, jouer sa comédie,
Je sais par quelle eau froide éteindre l'incendie,
Ma nièce, et je vous sauve... en vous déshéritant.

BLANCHE

Pour qu'une lettre ait pu vous en apprendre tant,

Mon oncle, il faut qu'Ursule ait bien joué son rôle.

GASPARD

Il ne s'agit pas d'elle, il s'agit de ce drôle,
Ma nièce; et sans m'ouvrir sur les preuves que j'ai,
Duelliste et libertin, c'est un homme jugé.

BLANCHE

Duelliste! lui, mon oncle! – Oh! ce serait infâme!

GASPARD

Et jamais, n'est-ce pas, vous ne serez la femme
D'un spadassin?

BLANCHE

Jamais! Juste ciel!

GASPARD

C'est au mieux.

CLÉMENCE, à Gaspard.

Et votre protégé, monsieur Charle, à vos yeux
Passe donc pour un saint en niche?

GASPARD, à Clémence.

Impertinente!
Monsieur Charle a l'esprit élevé, l'âme aimante,
Et, s'il se peut qu'en route il ait fait des faux pas,
Son excuse... d'abord je ne vous parle pas
A vous!

BLANCHE

Et puis?

GASPARD

Et puis... c'est de l'histoire ancienne:
J'ai donné ma conduite en exemple à la sienne,

Et je l'ai converti.

CLÉMENCE

Nous convertirons donc
Monsieur de Ternis.

GASPARD, à Blanche.

Vous! — Je demande pardon
Si ma prétention frise l'outrecuidance,
Mais il y faut, ma nièce, un peu plus d'éloquence.
— Parbleu, vous obtiendrez de lui de beaux discours;
Il est homme à jurer de vous aimer toujours,
Et, si de tels serments peuvent vous satisfaire,
Dame! il en a tant fait... qu'il doit savoir les faire.
— Mais pour le convertir vous prêcheriez en vain

BLANCHE

Si monsieur de Ternis est tel qu'on le dépeint,
J'affirme, — et ma parole a de quoi vous suffire —
Qu'il ne sera jamais mon mari.

GASPARD

Je respire!
— Et maintenant que j'ai bien rempli mon devoir,
En vous avertissant du danger, au revoir;
Je monte dans ma chambre, et vais ouvrir ma malle.

(Il sort.)

SCÈNE TROISIÈME

BLANCHE, CLÉMENCE.

CLÉMENCE

Cette Ursule a vraiment une langue infernale!

BLANCHE

Qui sait? — S'il était vrai, pourtant, qu'il soit venu
En séducteur...

CLÉMENCE

Eh bien ! le remède est connu :
Il ne tiendra qu'à vous de n'être pas séduite.

BLANCHE

Oui, c'est vrai.

CLÉMENCE

Rien, d'ailleurs, dans toute sa conduite
N'annonce...

BLANCHE

Et si c'était un duelliste ?

CLÉMENCE

Ah ! voilà
Qui me serait égal à moi !

BLANCHE

Que dis-tu là,
Grand Dieu ! Ne sais-tu pas que le duel est un crime !

CLÉMENCE

Vous avez des façons d'envisager l'escrime !

BLANCHE

Et, de plus, s'il était débauché, libertin ?
Si, s'étant éveillé pauvre quelque matin,
Il n'avait le projet de prendre une compagne
Que pour prendre une dot ?

CLÉMENCE

Et s'il sortait du bagne ?

— Quels contes, ma marraine, allez-vous inventer,
Pour avoir un prétexte à vous inquiéter !
C'est de la part d'Ursule une ruse bien claire
De décrier ainsi le rival de son frère,
Et les bruits qu'elle fait courir, pour être vrais,
Se trouvent trop d'accord avec ses intérêts.
— Ne vous mettez donc pas martel en tête.

(Bruit de sonnette au dehors.)

BLANCHE

On sonne
A la grille, je crois.

CLÉMENCE, regardant par la fenêtre.

C'est Ursule en personne !

BLANCHE

Reçois-la, je me sauve.

CLÉMENCE

Oui, mais mon embarras
Est de savoir que dire.

BLANCHE, sur la porte.

Oh ! ce que tu voudras !

(Elle sort.)

CLÉMENCE, insistant.

Quoi ! tout ce qui pourra me passer par la tête ?
— Elle me livre Ursule ! — Ou je suis une bête,
Ou saisissant au vol l'instant de nous venger,
Je vais me divertir à la faire enrager.

SCÈNE QUATRIÈME

CLÉMENCE, URSULE.

URSULE

Bonjour. — Votre maîtresse est sans doute chez elle ?

CLÉMENCE

Ma marraine ?

URSULE

Pardon, j'ai tort, mademoiselle;
Et je ne voulais pas, en m'exprimant ainsi,
Vous manquer de respect.

CLÉMENCE

Ma marraine est ici...
Mais elle a la migraine.

URSULE

Hélas! la pauvre Blanche!

CLÉMENCE

Oui, son oncle, ni plus ni moins qu'une avalanche,
Fond sur elle...

URSULE

Il est donc rentré ?

CLÉMENCE

Ce matin...

URSULE, à part.

Bon!
Ma lettre a porté coup!

CLÉMENCE

Et rentré furibond,
Averti que monsieur de Ternis, par surprise,
A jeté ses filets, et que marraine est prise.
— Une lettre anonyme a fait le mal.

URSULE

Vraiment ?

CLÉMENCE

Oui, voilà qui vous cause un grand étonnement !
Admirable candeur des âmes vraiment hautes
Qui s'étonnent toujours qu'on commette des fautes !

URSULE

Sans accuser monsieur de Ternis, le fait est
Qu'il persécutait Blanche et la compromettait.

CLÉMENCE

Je ne dirai pas non ; car je ne me crois guères
Un juge compétent en ces sortes d'affaires ;
Mais marraine, à coup sûr, ne songeait pas à lui.

URSULE

Il lui faisait pourtant une cour pressante.

CLÉMENCE

Oui ;
Mais, n'ayant pas sujet de se montrer sévère,
Elle prenait plaisir à se la laisser faire.

URSULE

Voilà bien le plaisir le plus compromettant !

CLÉMENCE

Son oncle, j'en conviens, en a dit juste autant ;

Il voit là, comme vous, plus qu'un enfantillage,
Et veut tout réparer... par un prompt mariage.

URSULE, *vivement.*

Avec qui donc ?

CLÉMENCE

Avec monsieur de Ternis donc !

URSULE

Hein ?

CLÉMENCE

Dame ! puisqu'elle est compromise.

URSULE, *troublée.*

Mais non !
Juste ciel ! compromise ? — Oh ! sur le point de l'être,
Tout au plus.

CLÉMENCE

Il paraît pourtant, d'après la lettre,
Qu'elle l'est tout à fait.

URSULE

Je n'ai pas dit cela !

CLÉMENCE

C'est donc vous qui l'avez écrite ? — Eh bien ! voilà
Ce qu'on peut appeler, sans grande prophétie,
Un début qui promet pour la diplomatie !
Grâce à vous, monsieur Charle est dans de jolis draps ;
Il allait épouser marraine, et, patatras !
Il faut que le plaisir d'un méchant bavardage
Fasse crouler sur lui tout notre échafaudage !

URSULE

Que Blanche épouse Charle et tout est réparé.

CLÉMENCE

Cet arrangement-là serait fort à son gré;
Mais à nos arguments, bien faits pour le confondre,
Son oncle a su trouver le moyen de répondre :
Il dit que monsieur Charle est trop digne à la fois
Et trop fier, pour vouloir honorer de son choix
La femme qu'il n'a pas compromise... lui-même!..

URSULE

Non certe! Il n'est pas fier... Et l'est-on quand on aime?

CLÉMENCE

Et que si, malgré tout, il voulait l'épouser,
Ce serait un devoir de la lui refuser.

URSULE

C'est absurde!

CLÉMENCE

L'oncle est buté.

URSULE

Blanche promise
A monsieur de Ternis!

CLÉMENCE

Puisqu'il l'a compromise!

URSULE

C'est un malheur qu'on peut encore prévenir.

CLÉMENCE

Il est trop tard; monsieur de Ternis va venir;

On l'a fait appeler pour le mettre en demeure
D'épouser. — Tout sera terminé dans une heure.

URSULE

Pauvre Blanche ! — Épouser, à son corps défendant,
Un duelliste, un bretteur damné !

CLÉMENCE

L'amour aidant,
Il se corrigera

URSULE

Dieu le veuille pour elle !
— Mais qu'un jour sur sa route il trouve une querelle,
Les serments solennels, les sentiments chrétiens
Ne l'arrêteront pas, j'en suis sûre...

(A part.)

Tiens ! tiens !
On peut le provoquer.

(Haut.)

— Soignez votre marraine.
Ah ! comme je comprends qu'elle ait eu la migraine !
— Je l'ai moi-même. — Adieu. Je reviendrai savoir
Des nouvelles tantôt.

(Elle sort

SCÈNE CINQUIÈME

CLÉMENCE, puis DE TERNIS.

CLÉMENCE, seule.

Elle est au désespoir,
C'est parfait ! Et je crois que cette confidence
Est pour la dégoûter de la correspondance.

DE TERNIS, entrant.

Madame d'Abrincourt est là ?

CLÉMENCE

Certainement.
— Je cours la prévenir.

(Elle sort.)

DE TERNIS, après un silence.

Je l'aime éperdûment.
— Mais elle ? — Oh ! ce n'est pas présomption bien grande
D'imaginer... J'en suis à ma quinzième offrande
Depuis un mois ; et Blanche, avec l'esprit qu'elle a,
A bien dû supposer que ces charités-là
N'attendaient pas du ciel... toute leur récompense !
— Je n'ai pas l'air d'un saint, ce me semble ; et je pense,
Puisqu'elle me permet de revenir ici,
Qu'elle me permettra d'y rester. — La voici.

SCÈNE SIXIÈME

DE TERNIS, BLANCHE.

BLANCHE, à part, en entrant.

Pourquoi veut-on toujours savoir ce qu'on redoute ?

DE TERNIS

Vous allez me trouver bien importun sans doute,
Madame. — Mais, depuis que vous me permettez
De faire par vos mains passer mes charités,
Quand à l'inaction ma bourse est condamnée,
Je dis comme Titus : j'ai perdu ma journée.

BLANCHE

Voilà sans doute un mot dont je vous saurais gré,
Si mes pauvres, monsieur, l'avaient seuls inspiré.
Mais sur le sens qu'il a je ne peux me méprendre;
Mon oncle, revenu tantôt, m'a fait comprendre
Que l'aumône parfois n'est pas la charité.

DE TERNIS

Eh bien, monsieur votre oncle a dit la vérité.

BLANCHE

Comment !

DE TERNIS

Oui. J'en conviens. — L'offrande que j'apporte
N'est qu'un passe-partout qui m'ouvre votre porte.

BLANCHE, vivement.

Alors, monsieur ?..

DE TERNIS

Alors, que viens-je faire ici !
Je vous aime. — Voilà le mystère éclairci.

BLANCHE

Mais mon oncle prétend...

DE TERNIS

Et que peut-il prétendre ?

BLANCHE, timidement.

Que le mot a parfois deux façons de s'entendre ?

DE TERNIS

Oh ! si hardis que soient les hommes et si fous,
Ce mot-là n'a qu'un sens quand il s'adresse à vous.

BLANCHE

Mon oncle cependant...

DE TERNIS

A quel libertinage
Il a dû se livrer dans la fleur de son âge
Monsieur votre oncle !

BLANCHE

Où donc avez-vous pris cela,
Monsieur ?

DE TERNIS

Tout simplement dans le soupçon qu'il a;
Il se méfierait moins s'il était sans reproche.
— Un voleur a toujours une main sur sa poche. —

BLANCHE

Mais à le condamner ne soyez pas si prompt;
A l'appui de son dire, il ajoute...

DE TERNIS

Quoi donc ?

BLANCHE

Que vous n'avez jamais parlé de mariage

DE TERNIS

Voilà qui cette fois tourne à l'enfantillage.
Si j'en avais parlé, qu'auriez-vous répondu ?
« Vous êtes trop pressé, monsieur, vous auriez dû
« Me mieux étudier, vous mieux faire connaître;
« Veuillez à l'amitié laisser le temps de naître,
« Jugeons-nous à loisir, attendez... » En effet,
Vous auriez eu raison, et c'est ce que j'ai fait.

La douceur du regard, la grâce du sourire,
La beauté, vous avez tout ce que l'on admire;
J'ai voulu voir, avant de me laisser charmer,
Si vous aviez aussi ce qui se fait aimer,
Ne pas vous prendre au vol comme une fantaisie,
Vous avoir lentement et mûrement choisie,
Pour pouvoir dire un jour, sans peur du lendemain :
Je vous aime, et je viens demander votre main.

BLANCHE, à part, joyeuse.

Ah !

DE TERNIS

Mon bonheur dépend d'un mot de votre bouche.
— Vous vous taisez ?

BLANCHE

Mon Dieu !.. la demande me touche;
Mais je dois être franche, et je vous avertis
Que je suis loin, bien loin, d'être un de ces partis
Qu'on juge avantageux, que la raison approuve,
Et dont certaines gens disent... que tout s'y trouve !

DE TERNIS

Eh bien ? — Votre fortune est mince, je le sais;
Après ?

BLANCHE

Plus mince encor que vous ne le pensez :
Vous demandez ma main; mais, si je vous l'accorde,
Je suis déshéritée et sans miséricorde.

DE TERNIS

Il m'a donc en horreur ce bon monsieur Gaspard ?

BLANCHE

Hélas !

DE TERNIS

Hélas ! ! J'en suis enchanté. — De sa part,
Rien, non rien, ne pouvait me plaire davantage :
Il aurait fait trop haut sonner son héritage,
Et nous eût accablés de sa protection,
Dans son autorité d'oncle à succession.
— Ah ! bon monsieur Gaspard, quel plaisir vous me faites !

BLANCHE

Mais vous n'êtes donc pas, monsieur, criblé de dettes ?

DE TERNIS

Moi ? J'ai cent mille francs de rentes ! — C'est charmant !
— Quel artiste il eût fait monsieur Gaspard !

BLANCHE

Comment ?

DE TERNIS

Oui, ses inventions ont une fantaisie...
Mais, j'y songe, l'ébauche est trop bien réussie
Pour qu'il n'ait pas pris soin d'achever le portrait.
— Ce n'est pas tout ?

BLANCHE

Oh ! non !

DE TERNIS

Voyons le dernier trait.

BLANCHE, embarrassée.

C'est...

DE TERNIS

C'est ?

BLANCHE

Votre... passé !

DE TERNIS

Vous en êtes en peine ?

BLANCHE

Ce terrain, je le sais, n'est pas de mon domaine.

DE TERNIS

Alors sur ce terrain que sert de revenir ?

BLANCHE

Mais le passé, monsieur, présage l'avenir.

DE TERNIS

Quelle erreur !.. au contraire, il faut que l'on connaisse
Le vide des plaisirs où s'ébat la jeunesse,
Pour donner au bonheur son véritable prix :
Les pécheurs repentants font les meilleurs maris.
D'ailleurs, en bonne foi, seriez-vous bien ravie,
Si, ne connaissant rien des choses de la vie,
J'avais passé trente ans sans voir, sans comparer.
Qui ne compare rien, ne peut rien préférer ;
Et, fondant mon amour sur une préférence,
Des autres et de vous j'ai fait la différence.

BLANCHE

Oh ! vous savez tourner les choses de façon
Qu'il faut bien, malgré tout, qu'on vous donne raison :
C'est le bon avocat qui fait la bonne cause.

DE TERNIS

Séducteur, endetté, libertin, je suppose
Que c'est tout cette fois.

BLANCHE

Hélas ! je le voudrais.

DE TERNIS

A moins de me traiter d'assassin...

BLANCHE

A peu près.

DE TERNIS

A peu près ! Bah ! monsieur votre oncle me soupçonne !..
Eh bien, sur mon honneur, je n'ai tué personne.

BLANCHE

Combien avez-vous eu de duels ? Peut-on savoir ?

DE TERNIS

Juste ce qu'il en faut pour ne plus en avoir,
Ou qu'à me provoquer si quelqu'un se décide,
Il ait un bon motif.

BLANCHE

C'est horrible !.. Homicide !..

DE TERNIS

Non.

BLANCHE

Si fait. Un duelliste est presque un assassin.

DE TERNIS

Moi, duelliste ?

BLANCHE

Il suffit... — Duelliste, spadassin,

Ou bretteur, quel que soit le nom dont on vous nomme,
Je sais trop mes devoirs pour épouser un homme...
Couvert de sang !

DE TERNIS

Couvert ? — J'en ai versé... si peu !
— Puis l'amour purifie aussi bien que le feu ;
Par vous je deviendrai meilleur ; je ne demande
Qu'à gagner mon pardon. — Mal vit qui ne s'amende. —
Pour me conduire au ciel donnez-moi votre main,
Et j'aurai déjà fait la moitié du chemin.

BLANCHE

Si je vous demandais un serment...

DE TERNIS

Deux, madame,
Si vous voulez.

BLANCHE

Eh bien, monsieur, du fond de l'âme,
Faites-moi la promesse alors que désormais
Vous ne vous battrez plus.

DE TERNIS

Oui, je vous le promets.
— Êtes-vous satisfaite ?

BLANCHE

Autant qu'on saurait l'être.
— Et maintenant...

(Elle tend la main à M. de Ternis qui la lui baise.)

(Entre Clémence.)

On vient. — Qu'est-ce donc ?

CLÉMENCE

Une lettre

Pour monsieur.

(Elle sort.)

DE TERNIS

Tiens!

BLANCHE

Pour vous? chez moi? C'est singulier.

DE TERNIS

Certes, le procédé me semble familier.

BLANCHE, nerveuse.

La personne a le droit d'en user de la sorte,
J'imagine...

DE TERNIS, souriant.

Et m'attend peut-être sous la porte?
— Qu'allez-vous supposer?

BLANCHE

Si c'était vrai pourtant!..

DE TERNIS, il décachète la lettre sans la lire, et la passe à Blanche.

Lisez.

BLANCHE, jetant rapidement les yeux sur la signature.

Charle Aigremont.

DE TERNIS, retire vivement la lettre.

Aigremont!

(Après l'avoir lue.)

On m'attend
Sous la porte, en effet, et j'y cours.

BLANCHE

Qu'est-ce à dire ?

DE TERNIS

Que ce monsieur m'écrit chez vous pour m'interdire
De vous épouser !

BLANCHE, vivement.

Lui ! Vraiment ? Et de quel droit ?

DE TERNIS

S'il n'en a pas, du moins on dirait qu'il s'en croit.

BLANCHE

Une telle impudence a lieu de me confondre !

DE TERNIS

Alors ce n'est qu'un sot, et je vais lui répondre.

BLANCHE

Mais vous lui répondez assez en m'épousant.

DE TERNIS

Encore importe-t-il que ce mauvais plaisant
Soit averti...

BLANCHE

Comment ! Que prétendez-vous faire ?

DE TERNIS

Lui porter la nouvelle.

BLANCHE, vivement.

Et chercher une affaire ?

Ah ! gardez-vous-en bien, car vous m'avez juré...

DE TERNIS

Je ne prétends agir que de votre plein gré ;
Mais vous ne voudrez pas, vous-même, que ce drôle,
Par mon silence, prenne envers moi le beau rôle ?

BLANCHE

Et vous voudriez, vous, vous démentir sitôt !

DE TERNIS

Vous n'exigerez pas ?..

BLANCHE

Si ! j'exige... ou plutôt
C'est à vous de juger ce qu'il vous reste à faire :
Vous battre ou m'épouser. — Choisissez.

DE TERNIS

C'est sévère !
Quand je suis provoqué !.. Quand un manant jaloux...
(Il s'approche de Blanche lentement. Leurs yeux se rencontrent.)
Ah ! que vous connaissez l'amour que j'ai pour vous,
Et que vous savez bien user de votre empire !

BLANCHE

Oui, j'ai foi, j'en conviens, dans l'amour que j'inspire.
Mais, si je peux d'un mot consoler votre ennui,
Je ne vous ai jamais tant aimé qu'aujourd'hui,
Et vous êtes payé de votre obéissance,
Si le prix du bienfait est la reconnaissance.

DE TERNIS

Je ne me défends plus.

BLANCHE

Comme vous êtes bon !

(Gaspard paraît.)

DE TERNIS

Votre oncle !

BLANCHE

Certe, il vient à propos !

DE TERNIS, à part.

Ma foi, non.

SCÈNE SEPTIÈME

LES MÊMES, GASPARD.

BLANCHE, présentant de Ternis à son oncle.

Monsieur de Ternis !..

GASPARD, vivement.

Vous ? monsieur ! vous !

BLANCHE, fièrement.

Oui, lui-même !

GASPARD, à part.

Ça ! quel air triomphant ! qu'a-t-elle donc ?

BLANCHE

Il m'aime !

GASPARD, ironiquement.

Vraiment ?

DE TERNIS

Vraiment !

BLANCHE

Et vient de demander ma main.

GASPARD, bas à Blanche.

C'est dans son rôle. Il est ruiné, c'est certain.

BLANCHE

Il a cent mille francs de rentes.

GASPARD, stupéfait.

Hein !

DE TERNIS, plaisamment.

Cent mille,

Oui.

GASPARD

Pas possible !

BLANCHE

Et quant au duel, soyez tranquille.

GASPARD

Tranquille ? pourquoi donc ?

BLANCHE

Il vient de me jurer...

GASPARD

Et voilà, selon vous, de quoi nous rassurer ?
Ce qu'il faut, c'est un fait et non une parole ;
L'occasion aidant, la promesse s'envole ;
Et, monsieur, j'en réponds, n'est pas assez dévot...

BLANCHE

Eh bien, puisque ce sont des preuves qu'il vous faut,
Lisez...

(Elle passe à son oncle la lettre de Charle.)

GASPARD, en lisant.

Charle !.. Quoi ! c'est Charle qui vous provoque ?

DE TERNIS

Il paraît.

GASPARD, relisant la lettre.

Oui, c'est clair. Pas l'ombre d'équivoque.

BLANCHE

Que vous semble à présent de votre converti ?

GASPARD

C'est un monstre !.. Et monsieur aurait pris le parti...

BLANCHE, vivement.

Oui ! de ne pas répondre.

GASPARD

Ah ! j'hésitais à croire...

(A de Ternis.)

Mais bravo ! mes soupçons tournent à votre gloire.
J'étais mal renseigné sur vous, j'en fais l'aveu ;
Vous ne vous battez pas ?.. Touchez-là, mon neveu !
C'est bien, c'est beau, c'est grand, vous avez mon estime.

DE TERNIS

Je suis indigne...

GASPARD

Non, non ; elle est légitime !

Je sais quelle douleur c'est de courber le front
Devant le malotru qui vient nous faire affront;
Je sais ce qu'il en coûte aux âmes bien trempées
De fuir obstinément l'approche des épées.
— Parbleu ! ce qu'il m'en a coûté, tu le sais bien,
Ma nièce !

BLANCHE

Oui.

GASPARD

Tu le sais. — Mais s'il n'en coûtait rien,
Quel mérite aurait-on ?.. Au reçu d'un outrage,
Le courage est vraiment de dompter son courage !

BLANCHE

Mon oncle...

GASPARD, à de Ternis.

Voulez-vous un exemple imposant ?
Personne ne connaît la couleur de mon sang,
Monsieur ! Pour l'exposer, je sais trop ce qu'il coûte,
Et veux être pendu s'il m'en manque une goutte.
— Vous en doutez ?

DE TERNIS

Non pas.

GASPARD

Et je suis violent,
Notez bien ! — Qu'en chemin je trouve un insolent,
Je sens mon cœur bondir; mais, me tenant à quatre,
Je me ferais hacher plutôt que de me battre;
Et, pour ne pas subir l'attraction du fer,
Personne ne saura tout ce que j'ai souffert !

— Et, tenez, sans jouer un rôle dans l'histoire
Pour le petit éclat de ma faible victoire,
Ce n'est pas un soufflet, monsieur, qu'on m'a donné,
Eh bien... je ne me suis pas même retourné !

BLANCHE

Oh ! mon oncle !

GASPARD

Est-ce vrai, ma nièce ?
(A de Ternis.)
Et j'imagine
Que nous devons avoir une même origine :
Je reconnais ce sang qui n'a jamais coulé.

DE TERNIS

Monsieur !..

GASPARD

Du premier coup vous m'avez égalé.
— Ainsi ne faites pas le modeste.

DE TERNIS, à part.

Il m'agace

GASPARD

Vos pareils à deux fois...

BLANCHE, impatientée.

Ah ! mon oncle, de grâce,
En faveur de monsieur mettez-vous moins en frais,
Et ne vous souciez...

GASPARD

Que de mes intérêts ?

Me mêler seulement de ce qui me regarde !
Devenir égoïste alors ? — Que Dieu m'en garde !
(A de Ternis.)
Vous serez, mon neveu, l'honneur de la maison.

DE TERNIS

Monsieur...

GASPARD

Appelez-moi votre oncle, sans façon.

DE TERNIS

Excusez-moi, — mon oncle, — il faut que je vous quitte.

BLANCHE

Quoi ! Sitôt, mon ami ?

DE TERNIS

Pour revenir plus vite.

GASPARD

Vous partez ? C'est fâcheux ; il m'aurait été doux
De causer cependant un instant avec vous.

DE TERNIS

Monsieur !..

GASPARD, avec un air de reproche.

Monsieur ?

DE TERNIS

Pardon ! — Mon oncle ! — A tout à l'heure.
(A part, en sortant.)
La raison du plus sot est toujours la meilleure.
(Il sort.)

SCÈNE HUITIÈME

BLANCHE, GASPARD, puis URSULE.

BLANCHE, à part.

S'il allait rencontrer son rival sur le seuil !

GASPARD

Eh bien ? à ton futur ai-je fait bon accueil ?
Je l'ai presque contraint à quitter la partie,
Tant j'ai livré d'assauts contre sa modestie.
— Ai-je comblé tes vœux ? Suis-je un bon oncle ? Eh bien,
Réponds-moi quelque chose.

BLANCHE, indifférente.

Et quoi ?

GASPARD

Je n'en sais rien !
D'où vient tout le plaisir qu'on prend à correspondre ?
C'est qu'on ne sait jamais ce qu'on va vous répondre.
— Dis que c'est un grand cœur !

BLANCHE, froidement.

Sans doute.

GASPARD

Tu l'as dit !
— Quant à cet impudent de Charle, ce maudit !..
(Paraît Ursule.)
Ah ! vous voilà !

URSULE, à Gaspard.

Bonjour.

(A Blanche.)

Bonjour, vous.

GASPARD, à Ursule.

Ah! quel frère!..

URSULE

Ne parlons pas de lui !

GASPARD

Parlons-en, au contraire !
Un duelliste, un mauvais sujet, un garnement ?..

URSULE

Et monsieur de Ternis se bat.

GASPARD

Non.

URSULE, stupéfaite.

Bah ! vraiment !

(A part.)

C'est autre chose.

(Haut à Gaspard.)

Ainsi, lorsque Charle l'outrage...

GASPARD

Il laisse sa raison dominer son courage;
Son courage lui dit de frapper, de punir;
Mais il suit mon exemple, il sait se contenir !

URSULE

Ah ! Charle est moins soumis ! — Mais, bien que tout l'accuse
L'amour, me direz-vous, est peut-être une excuse.

GASPARD

Rien n'excuse le noir projet qu'il a formé :
Quand on aime quelqu'un dont on n'est pas aimé,
On voyage. — Voilà de la douleur profonde. —
C'est comme ça que moi j'ai fait le tour du monde.

URSULE

A des moyens plus sûrs il prétend recourir,
Et veut, à ce qu'il dit, ou tuer ou mourir.

GASPARD

Qu'il meure ! — Mais tuer ? La menace est plaisante ;
Car il faut que monsieur de Ternis y consente,
Et monsieur de Ternis, tel que je le connais,
N'est pas homme à daigner y consentir jamais.

URSULE, à Blanche.

Et moi qui l'accusais d'être un homme d'épée,
Un duelliste, un bretteur !

GASPARD

Vous vous étiez trompée.

URSULE

Oh ! oui, du tout au tout. — Ma chère, ce qu'il fait
Est vraiment admirable.

BLANCHE, impatientée.

Admirable en effet !

URSULE

Que c'est beau de braver ainsi le ridicule !..

GASPARD, étonné.

Le ridicule ?

URSULE

Dame ! on dira qu'il recule,
Et l'on rira de lui.

GASPARD

Rire de lui ! Pourquoi ?
Je ne me bats jamais. — Est-ce qu'on rit de moi ?

URSULE

De vous ? d'un marguillier ? oh ! non, c'est autre chose ;
Vous vous devez à Dieu dont vous servez la cause.
Mais monsieur de Ternis ne pas se battre en duel !
Est-ce bien, dira-t-on, la colère du ciel
Dont il a peur ? Il fuit, sans même se débattre,
Et ne devient dévot... qu'au moment de se battre.
— On est si cancanier à Guérande.

GASPARD

Eh bien donc,
Si tous les Guérandais le prennent sur ce ton,
Et que l'hilarité devienne par trop grande...

URSULE, inquiète.

Il se battra ?

GASPARD

Non pas !.. Il quittera Guérande !

URSULE, à Blanche très-énervée pendant toute cette scène.

Ah ! bravo ! — Quel mari charmant vous aurez là !..
Je ne le connais pas, mais je l'aime déjà.
(Blanche fait un geste d'impatience.)
Vous paraissez souffrante. Encor votre migraine ?

BLANCHE, nerveuse.

Peut-être !

URSULE, à Blanche.

Je vous laisse.

(A Gaspard.)

Et vous, je vous entraîne
A Vêpres.

GASPARD, regardant à sa montre.

Je crois bien! et j'allais oublier...

(Il offre son bras à Ursule.)

URSULE, à Gaspard, sur la porte.

Comment aurait-on dit Vêpres... sans marguillier ?

(Gaspard et Ursule sortent.)

SCÈNE NEUVIÈME

BLANCHE, seule.

Ah! j'allais éclater! Je la hais cette femme!
Non pas qu'elle ait jeté le trouble dans mon âme,
Au contraire! — Il a fait son devoir noblement!

(Après un silence.)

Si pourtant... malgré lui... dans son emportement,
Il avait provoqué son rival ?..

(Avec indignation.)

Suis-je folle!
Mais rien n'excuserait son manque de parole ;
C'est en vain qu'il viendrait implorer son pardon!
Il me ferait horreur!..

SCÈNE DIXIÈME

BLANCHE, CLÉMENCE.

CLÉMENCE, *entrant précipitamment.*

Madame !

BLANCHE

Qu'as-tu donc ?

CLÉMENCE

On fait courir le bruit... Votre oncle est fou, je pense !
D'ailleurs, j'ai soutenu le contraire d'avance.

BLANCHE

Quel bruit fait-on courir, et qui donc est en jeu ?

CLÉMENCE

Votre oncle dit partout que son futur neveu
Refuse de se battre !

BLANCHE

Eh bien, cela vous fâche ?

CLÉMENCE

Faire croire partout que c'est un lâche !

BLANCHE

Un lâche !
Et, s'il avait suivi mes ordres absolus,
En ne se battant pas ?

CLÉMENCE

Vous ne l'aimeriez plus !

BLANCHE

Eh bien, moi, je l'en aime encore davantage.

CLÉMENCE

Comment? Ce n'était pas un méchant bavardage?
Votre oncle avait raison ? C'était vrai ?

BLANCHE

Pourquoi non ?

CLÉMENCE

Et vous l'aimez encor ? — Vous porterez son nom ?

BLANCHE

Sans doute, et de grand cœur! — Je ne suis pas ingrate.

CLÉMENCE

Moi, je ne le suis pas non plus, et je m'en flatte;
Mais c'est moi qui pourtant n'aimerais plus, le jour
Où l'on m'accorderait cette preuve d'amour.

BLANCHE

Vous l'ayant demandée ?

CLÉMENCE

Oui, certes! belle excuse!
La femme la demande... et l'homme la refuse !

BLANCHE

C'est bien le plus cruel sacrifice...

CLÉMENCE

Non pas!
Ces sacrifices-là, je n'en fais pas grand cas :
Ou bien ils coûtent trop pour qu'on puisse les faire,
Ou bien, quand on les fait, c'est qu'ils ne coûtent guère.

BLANCHE

Assez!

CLÉMENCE

Je parlerai. — Si cela vous déplaît,
Tant pis! — J'aime encor mieux monsieur Charle... Il est laid;
Mais ce n'est pas du moins un homme qui recule!

BLANCHE

Vous tairez-vous?

CLÉMENCE

Pour prendre un mari ridicule,
Il est bien superflu de chercher à Paris,
Et la province abonde en de pareils maris.

(Paraît de Ternis.)

BLANCHE

Lui! Sortez!

CLÉMENCE

Volontiers!

(Sur la porte.)

J'aime mieux monsieur Charle!

(Elle sort.)

SCÈNE ONZIÈME

BLANCHE, DE TERNIS.

BLANCHE

Sotte!

DE TERNIS

Qu'a-t-elle fait?

BLANCHE

Elle parle ! elle parle !

DE TERNIS

Que dit-elle ?

BLANCHE

Elle dit... que vous êtes sorti
Pour chercher monsieur Charle. — En a-t-elle menti ?

DE TERNIS, embarrassé.

Le hasard, j'en conviens, l'a placé sur ma route.
— Mais je ne cherchais pas sa rencontre.

BLANCHE

Oh ! j'en doute.

DE TERNIS

Sur l'honneur ! — Le hasard a tout fait.

BLANCHE

Et vous, rien ?

DE TERNIS

Nous avons eu, tous deux, un moment d'entretien.

BLANCHE, vivement.

Et vous allez vous battre ?

DE TERNIS

Ah ! non. — Je vous le jure.

BLANCHE, froidement.

Tant mieux. — Ainsi, devant l'auteur de votre injure,

Vous n'avez pas senti le moindre mouvement ?..

DE TERNIS

Je me suis, avant tout, rappelé mon serment ;
Vous aviez déclaré les duellistes infâmes.

BLANCHE

Si vous prenez au mot ce que disent les femmes!

DE TERNIS

Oui.

BLANCHE

Vous ne craignez pas que les méchants propos ?..

DE TERNIS

Qu'importe ce qu'on dit dans le pays des sots ?

BLANCHE

Voilà sans doute un mot de sagesse profonde,
— Mais le pays des sots c'est la moitié du monde !

DE TERNIS

J'ai cru de mon devoir de suivre vos avis.

BLANCHE

C'est à n'en plus donner, s'ils sont toujours suivis !

DE TERNIS, à part.

Tiens ! tiens !

BLANCHE

Il est plaisant qu'un seul mot vous arrête,
Quand l'honneur est en jeu !

DE TERNIS, à part.

Volte-face complète.

(Haut.)

Cette soumission aveugle est pourtant bien
Une preuve d'amour...

BLANCHE

Qui ne me prouve rien !

DE TERNIS

Mais que vous demandiez cependant.

BLANCHE

Belle excuse !
La femme la demande, et l'homme la refuse !

DE TERNIS

Un duelliste, madame, est presque un assassin.

BLANCHE

Chanson que tout cela.

DE TERNIS

Chanson... de ce matin.
— Rendez-moi ma parole alors.

BLANCHE

A quoi bon rendre
Cette parole à qui n'a pas su la reprendre ?

DE TERNIS

Quand vos ordres seront plus clairs, je les suivrai.

BLANCHE

Il est trop tard, monsieur !

DE TERNIS

Il est trop tard, c'est vrai.

BLANCHE, *vivement.*

Comment trop tard !

DE TERNIS

J'ai cru, pour vous être agréable,
Devoir accommoder l'affaire à l'amiable,
Et ce bon monsieur Charle est parti satisfait.

BLANCHE, *indignée.*

Vous, des excuses, vous... à lui !

DE TERNIS

Pas tout à fait.

BLANCHE, *énervée.*

Je vous fais compliment de votre humeur placide.

DE TERNIS

C'est le commandement de Dieu même : homicide
Point ne seras.

BLANCHE

Laissons le décalogue en paix !
Et moi qui vous croyais bretteur !.. Je me trompais ;
Vous savez à merveille arranger une affaire !..
Ainsi, je vous dirais que, pour me satisfaire,
Il faut que vous alliez vous battre de ce pas,
Vous me répondriez...

DE TERNIS

Que je ne le peux pas.

BLANCHE

Ah! vous ne pouvez pas vous battre!

DE TERNIS

Non, madame.

BLANCHE

Et moi, je ne peux pas devenir votre femme,
Est-ce clair!

SCÈNE DOUZIÈME

LES MÊMES, GASPARD, puis CLÉMENCE.

GASPARD, qui a entendu le dernier vers de Blanche.

Bien! très-bien, ma nièce!.. mon dessein
N'est pas d'être non plus l'oncle d'un spadassin!

BLANCHE, étonnée.

Comment?

GASPARD

D'un querelleur!

BLANCHE

Parlez! Que signifie?..

GASPARD

D'un mal appris!.. — Jamais ne n'ai vu de ma vie
Un procédé pareil!.. Prendre Charle au collet,
Et, sans plus de façons, lui donner un soufflet!

DE TERNIS, à Gaspard.

Quoi ! Vous savez ?..

GASPARD

Voilà qui trompe votre attente.

BLANCHE, avec éclat.

Un soufflet ! Quel bonheur ! Oh ! que je suis contente

GASPARD, à part.

Elle est folle !

(Paraît Clémence.)

BLANCHE, à de Ternis.

Et qu'a fait monsieur Charle ?

DE TERNIS

Il a dit
Que j'étais un brutal.

GASPARD

Un butor, un bandit !
Et n'a pris que le temps de s'enfuir au plus vite,
Pour venir m'annoncer...

CLÉMENCE

Son soufflet et sa fuite.

GASPARD

Oui, certe !

DE TERNIS, à Gaspard.

Ah ! j'aurais cru qu'il avait intérêt
A se taire, aussi bien que moi-même.

BLANCHE, à de Ternis.

Un soufflet !

— Voilà donc vos façons de faire des excuses !
Moi qui vous refusais ma main !

GASPARD, impératif.

Tu la refuses.
C'est Charle que je prends pour neveu.

BLANCHE

Libre à vous.

(Désignant de Ternis.)

Quant à moi, c'est monsieur que je prends pour époux

GASPARD

Un querelleur damnable ! — As-tu perdu la tête ? —
Au nom du ciel...

BLANCHE

En moi la lumière s'est faite :
Si le Ciel a ses lois dont vous prenez souci,
Le monde où nous vivons a les siennes aussi.

GASPARD, à part.

Ah ! si l'on me reprend à lui servir de père !

CLÉMENCE, à Blanche.

Quelle belle morale on aurait à vous faire !

BLANCHE, à de Ternis.

Pardonnez...

DE TERNIS

Mon pardon ! Je l'accorde... à genoux.

BLANCHE

Bien souvent notre cœur a des secrets pour nous ;

Et nous nous conduirions avec plus de prudence,
Si nous étions toujours dans notre confidence.
— Eh bien, mon oncle ?

GASPARD

Eh bien ?..

BLANCHE, à Gaspard.

Souriez-nous un peu.

DE TERNIS, à Gaspard.

Mon oncle, touchez-là.

GASPARD, après une hésitation et avec mauvaise humeur.

Touchez-là... mon neveu !

(A part.)

Qui me dorlotera, si je les déshérite ?

BLANCHE

Bonne Ursule ! — J'irai lui rendre sa visite.

La toile tombe.

RETOUR DE BRUXELLES

Comédie en deux tableaux

Par M. Eugène VERCONSIN.

PERSONNAGES

GASTON.
ADRIENNE, femme de Gaston.
Miss DÉBORAH.
MATHILDE.
UNE VIEILLE DAME.
DEUX DOUANIERS.
UN DOMESTIQUE.

Le premier tableau se passe dans un hôtel de Bruxelles. — Le second sur la frontière de France, à la gare du chemin de fer.

RETOUR DE BRUXELLES

PREMIER TABLEAU

Chambre d'hôtel en désordre, portes latérales; beaucoup de malles et de menus colis par terre et sur les meubles. Table au fond. Guéridon à gauche, premier plan, encrier, plumes, etc. Toilette de voyage sur la table à droite au fond.

SCÈNE PREMIÈRE

ADRIENNE, seule, assise et écrivant.

ADRIENNE, se relisant.

« Apportez-moi vos dentelles au reçu de ma lettre, nous partons ce soir. » (*Parlé.*) Nous ne partons que demain, mais je suis plus sûre ainsi d'avoir ces jolies dentelles. (*Elle sonne, met sa lettre sous enveloppe et écrit l'adresse.*) (*Haut.*) Madame Salomon... là !.. Eh bien ! Personne. (*Elle se lève et va à la porte de gauche, à la cantonade.*) N'entendez-vous pas ? Portez cette lettre à son adresse. (*Elle referme la porte, Gaston entre par la droite.*)

SCÈNE DEUXIÈME

ADRIENNE, GASTON.

GASTON, son chapeau sur la tête.

Soyez satisfaite, ma chère. Je renonce à visiter la galerie du baron van Berg et nous quittons Bruxelles aujourd'hui, avec vos amies, Mme Drançay et miss Déborah.

ADRIENNE

Enfin, vous vous décidez ! Mais je ne vous remercie pas. Vous vous êtes trop fait prier. A quelle heure le départ ?

GASTON

A six heures. (*Il dépose son chapeau sur la table du fond.*)

ADRIENNE

J'ai juste le temps de fermer mes malles.

GASTON, lorgnant les malles et souriant.

Ah ! vous avez raison de les mettre au pluriel ; vous devez emporter là une partie de la Belgique.

ADRIENNE

Et de la Hollande, monsieur... Il me reste même une dernière emplette à faire.

GASTON

Encore !

ADRIENNE

Rassurez-vous; celle-là prendra peu de place dans nos bagages.

GASTON

Allons, tant mieux !

ADRIENNE

Attendu que ce sont de mignonnes dentelles...

GASTON

Dont les droits d'entrée sont exorbitants... (*Affectant l'accent belge.*) savez-vous ?

ADRIENNE

Mais j'entends bien ne pas les payer, ces affreux droits... (*Imitant Gaston.*) savez-vous ?

GASTON

Ah oui ! Et passer votre marchandise en contrebande ?

ADRIENNE

Tout simplement.

GASTON

Pour vous faire prendre à la douane, et nous infliger l'humiliation d'une condamnation pour fraude. Grand merci, ma chère amie !

ADRIENNE

Je ne ferai rien prendre du tout, monsieur ; je passerai mes dentelles à la barbe de MM. les douaniers, comme les ont déjà passées Mmes Reynold, Deligny; comme les passeront miss Déborah et Mathilde.

GASTON

C'est cela, vive la fraude! vive le fruit défendu! O les femmes!

ADRIENNE

Vive une pauvre petite fantaisie, monsieur!

GASTON

Mais ta petite fantaisie ne te mène à rien moins qu'à renverser tous les principes établis, à voler l'État, malheureuse!

ADRIENNE

Turlututu! je ne vole rien du tout, et je me moque de vos principes.

GASTON

Tu te moques... mais alors tu deviens une créature subversive, ma chère amie... mais vous êtes une révolutionnaire, madame!

ADRIENNE

Je suis libre échangiste, voilà tout.

GASTON

Plaît-il?

ADRIENNE

Comme vous disiez hier soir, dans cette discussion qui nous a tant ennuyées, ces dames et moi, je suis pour la libre circulation des marchandises... et des dentelles.

GASTON

Soit; mais tant que la loi qui prohibe la libre circulation n'est pas abolie, tu dois la respecter... et ne pas emporter tes dentelles.

ADRIENNE

C'est-à-dire que vous me condamnez à m'en aller, cet hiver, dans le monde, comme une pauvre Cendrillon, tandis que toutes mes amies seront resplendissantes.

GASTON

Grand bébé, va !

ADRIENNE

Des injures, à présent ! Ah ! l'on voit bien que nous avons déjà une année de mariage.

GASTON

A quoi voit-on cela ?

ADRIENNE

Mais au peu de souci que vous avez aujourd'hui de faire plaisir à votre femme.

GASTON

Pardon, ma chère, pardon ! je vous prie de nous éviter une sotte mésaventure ; mais, si votre bonheur est sérieusement attaché à la possession de quelques mètres de dentelles, c'est moi qui vais, de ce pas, les acheter.

ADRIENNE

Hein ?

GASTON

Mais à une condition, c'est que j'en payerai les droits d'entrée. (*Il reprend son chapeau.*)

ADRIENNE, à part, désappointée.

Oh! alors, ce n'est plus amusant. (*Elle passe à droite.*)

GASTON

Où demeure le marchand ?

ADRIENNE

Reste, Gaston.

GASTON

Plaît-il ?

ADRIENNE

J'ai eu tort ; ne parlons plus d'un caprice auquel je renonce.

GASTON

Puisque c'est moi qui t'offre...

ADRIENNE

Je t'en sais gré, mais...

GASTON

Ignores-tu le proverbe ? L'homme propose et la femme... accepte.

ADRIENNE

La femme refuse, monsieur, quand elle est raisonnable... (*A part.*) et qu'à ce prix-là, elle peut avoir toutes les dentelles du monde à Paris.

GASTON

Quoi, vraiment ?

ADRIENNE

Allez faire vos malles.

GASTON

Tout de bon ?

ADRIENNE

Allez donc !

GASTON

Je m'en vais, mais je sors pénétré d'admiration.

ADRIENNE

Il va se moquer de moi, à présent.

GASTON

Me moquer, quand tu viens de gagner la plus belle des victoires, celle qu'on remporte sur soi-même !

ADRIENNE, le reconduisant à la porte de gauche.

Sortez, mauvais plaisant.

GASTON

C'est-à-dire qu'Alexandre lui-même, après la bataille d'Arbelles...

ADRIENNE, le mettant à la porte.

Voulez-vous bien vous taire !

GASTON, en dehors.

Alexandre n'en a jamais fait autant.

SCÈNE TROISIÈME

ADRIENNE, seule.

Dépassons donc Alexandre et donnons contre-ordre à Mme Salomon, la plus redoutable tentatrice des Flandres... (*Elle va pour s'asseoir. On frappe à la porte de droite.*) Entrez... (*La porte s'ouvre.*) Mathilde! et miss Déborah !

SCÈNE QUATRIÈME

ADRIENNE, MATHILDE, miss DÉBORAH.

MISS DÉBORAH, lui secouant la main à l'anglaise.

Bonjour, madame.

ADRIENNE, à Mathilde.

Es-tu gentille ! (*A miss Déborah.*) Vous êtes bien, chère miss ?

MISS DÉBORAH, avec l'accent anglais.

Thank you, très-bien.

MATHILDE

Nous venons t'apprendre une bonne nouvelle ; nous partons toutes trois ensemble.

ADRIENNE

Je sais.

MISS DÉBORAH

Ce sera très-charmant.

MATHILDE

Nous venons de rencontrer ton mari aux galeries Saint-Hubert, et nous l'avons décidé à avancer son départ.

ADRIENNE

Et il a cédé sans résistance ?

MATHILDE

Sans la moindre résistance.

MISS DÉBORAH

Avec une plaisir apparente.

ADRIENNE

Eh bien, je l'ai vainement prié hier soir, moi!

MATHILDE

Tu n'es que sa femme, toi.

MISS DÉBORAH

Is it possible ?

MATHILDE

Voilà les maris, mesdames!.. Adrienne, quand le tien te refusera quelque chose, tu me l'enverras ; quand le mien voudra se faire prier, je te l'expédierai ; et, grâce à ce chassé-croisé, nous obtiendrons d'eux tout ce que nous voudrons.

MISS DÉBORAH

Très-drôle, en vérité.

MATHILDE

Est-ce qu'en Angleterre, messieurs les maris sont aussi difficiles à... conduire ?

MISS DÉBORAH

Oh! en Angleterre le... la... disez-moi le mot que je veux dire... (*vivement.*) l'administration — j'ai trouvé le mot — l'administration du mariage était différente ; c'étaient les maris qui ordonnaient tojors, et les femmes qui obéissaient tojors.

ADRIENNE

Ah !

MATHILDE

Voilà pourquoi miss Déborah reste garçon et voyage comme un garçon. (*Regardant sa montre.*) A propos, tu sais que tu n'as plus qu'une heure ?

MISS DÉBORAH

Vôlez-vous que nous aidions vous ?

MATHILDE

C'est cela. Moi, j'emballe la toilette.

MISS DÉBORAH

Moa, je vais fermer cette petite sac. (*Elle regarde dans le sac.*)... qui contient les provisions de bouche. (*Flairant le sac.*) Ces petites croquettes de chocolat, ils embaumaient.

ADRIENNE

A votre service, miss Déborah.

MISS DÉBORAH

Thank you !.. Je prenais une. (*Elle croque, la trouve à son goût et dit* :) No, deux...

MATHILDE

Qu'est-ce que tu as donc fourré dans ce coffret? Ah! gageons que ce sont les fameuses dentelles de Mme Salomon !

ADRIENNE

Hélas! je ne les emporte pas, ma pauvre amie.

MATHILDE

Tu n'emportes pas de dentelles ! Mais qu'est-ce que tu es venue faire en Belgique alors ?

ADRIENNE

C'est Gaston qui s'est opposé...

MATHILDE

Ton mari ? De quoi se mêle-t-il ? Est-ce que nos dentelles regardent nos maris ?

ADRIENNE

Il a prétendu que je me les ferais confisquer à la douane.

MATHILDE

Allons donc !

MISS DÉBORAH

Je défie bien les gendarmes de découvrir les miennes, parce que j'en avais entortillé moa comme une momie d'Égypte.

MATHILDE

Le fait est, ma chère, que miss Déborah en est littéralement emmaillottée.

ADRIENNE

Et puis Gaston a invoqué la morale, les principes. Il soutient que je volerais l'État.

MATHILDE

Peuh ! Voler l'État n'est pas voler d'abord. Qu'est-ce que c'est que cela, l'État ? Je ne connais pas ce monsieur-là, moi. L'État, c'est moi, c'est toi, c'est nous, et l'on ne se vole pas soi-même... Il n'a pas le sens commun, ton mari... Veux-tu que j'aille lui parler, moi?

ADRIENNE

C'est inutile. Gaston m'a offert ces malheureuses dentelles.

MATHILDE

Eh bien! alors?

ADRIENNE

Mais à la condition qu'il en paierait les droits d'entrée.

MATHILDE

Payer l'entrée!.. Ce n'est plus drôle.

ADRIENNE

C'est justement ce que je me suis dit.

MATHILDE

La contrebande double le plaisir que l'on a de porter des dentelles.

MISS DÉBORAH

Tandis que le droit d'entrée double le prix d'achat.

ADRIENNE

Aussi est-ce moi qui ai renoncé...

MATHILDE

Ces maris sont insupportables.

ADRIENNE

N'accuse pas le mien. Il m'a comblée d'éloges.

MATHILDE

Tiens ! tiens !

ADRIENNE

Il m'a comparée à Alexandre, ma chère !

MISS DÉBORAH

Le roi de Macédoine ?

ADRIENNE

Il paraît qu'Alexandre s'est vaincu lui-même dans je ne sais quelle circonstance.

MATHILDE

Attends donc ! Mais ton histoire m'en rappelle une autre... Oh ! le traître !

ADRIENNE

Qu'as-tu donc ?

MATHILDE

J'ai... que j'entrevois une horrible machination. J'ai... que tu as été dupe de ton mari, ma pauvre enfant !

ADRIENNE, protestant.

Ah !

MISS DÉBORAH

Oh !

MATHILDE

Comme je l'ai été du mien en pareille circonstance.

ADRIENNE

Que veux-tu dire ?

MISS DÉBORAH

Oh! yes; que volez-vous dire ?

MATHILDE

Écoutez mon histoire et profitez : C'était pendant les premiers jours de mon mariage ; nous faisions notre voyage classique, mon mari et moi, et nous revenions de Belgique, comme aujourd'hui. Naturellement, je voulais rapporter des flots de dentelles; mais mon seigneur et maître s'y opposa sous prétexte de morale, de principes internationaux ; que sais-je? J'étais simplette alors, je cédai.

ADRIENNE

Comme moi.

MISS DÉBORAH, à part.

Ces Françaises n'avaient pas de caractère.

MATHILDE

Et savez-vous ce qui nous arriva à la frontière ?.. Nous fûmes pris en fraude.

ADRIENNE

Comment, puisque... ?

MATHILDE

Les douaniers s'emparèrent d'une jolie provision de cigares que mon mari essayait de passer dans sa casquette de voyage... une casquette ouatée, haute de cela, ma chère, un véritable bonnet persan.

MISS DÉBORAH

Et c'est lui qui vous recommandait le probité!

ADRIENNE

Quelle horreur !

MATHILDE

Voilà les hommes!

ADRIENNE

Ah ! Gaston est incapable...

MATHILDE

Innocente! Laisse-moi donc finir mon histoire : pendant le voyage (avant l'accident des cigares, bien entendu), mon traître d'époux ne tarissait pas d'éloges sur ma noble conduite.

ADRIENNE

Ah !

MATHILDE

Il me comparait à César... Toi, c'était Alexandre; moi, c'était César. Crois-tu maintenant que ton Gaston se soit moqué de toi ?

MISS DÉBORAH

C'était bien présumable.

ADRIENNE

Si je le soupçonnais!

MATHILDE

Soupçonne-le, et emporte tes dentelles. N'en dis rien à ton tyran aujourd'hui, et demain, quand tu les lui montreras, il sera le premier à rire et à te complimenter sur ton acquisition.

LA VOIX D'UN DOMESTIQUE, à droite.

Madame Salomon demande à parler à Madame.

MISS DÉBORAH

Elle venait à propos.

MATHILDE, à la cantonade.

Faites entrer madame Salomon.

ADRIENNE

Oh ! non !

MATHILDE

Enfant, va !

ADRIENNE

Je dis non, pas ici. (*Montrant la porte de gauche.*) Gaston est à côté et peut venir d'un moment à l'autre.

MATHILDE

Ah ! très-bien. (*A la cantonade.*) Faites entrer madame Salomon dans le salon. (*A Adrienne.*) Et allons admirer ses merveilles.

ADRIENNE, hésitant.

Je ne sais pas si je dois...

MATHILDE, l'emmenant.

Allons ! viens donc. (*Elles sortent par la droite.*)

MISS DÉBORAH

Elle entortillera elle comme moa. (*Elle suit Mathilde et Adrienne.*)

DEUXIÈME TABLEAU

La scène se passe à la frontière, dans la salle de la visite des bagages. Des malles et des sacs de nuit rangés sur deux tables placées au premier plan, l'une à droite, l'autre à gauche. Banc au fond.

SCÈNE PREMIÈRE

DEUX DOUANIERS, GASTON, ADRIENNE, MISS DÉBORAH, MATHILDE, UNE VIEILLE DAME, UN PORTEUR.

DEUXIÈME DOUANIER, à la table de droite.

Par ici, messieurs les voyageurs. (*Les voyageurs entrent par la droite.*) Veuillez reconnaître vos bagages.

LA VIEILLE DAME

Voilà les miens.

ADRIENNE

Voilà mes malles.

MISS DÉBORAH

Et moa le mienne.

TOUS, appelant.

Monsieur l'employé! monsieur l'employé!

((*Tous ouvrent leurs malles ; le premier douanier commence à visiter les malles d'Adrienne.*)

LA VIEILLE DAME, *au deuxième douanier.*

Moi, d'abord.

MISS DÉBORAH

Pourquoi vous d'abord, madame?

LA VIEILLE DAME

Parce que j'avais appelé monsieur avant vous, madame.

MISS DÉBORAH

Je vous demande pardon, madame !

LA VIEILLE DAME

Mais, madame !

MISS DÉBORAH

Vous disez, madame ?

LA VIEILLE DAME

Je vous dis, madame... (*Changeant d'idée.*) Eh bien ! où est Théodore ? (*Appelant.*) Théodore ! Mon Dieu ! où est Théodore ?

GASTON, *voisin de la vieille dame.*

Madame a perdu son mari ?

LA VIEILLE DAME

Plaît-il, monsieur ?

GASTON

Je vous demande si vous avez perdu monsieur votre mari.

LA VIEILLE DAME, émue.

Hélas! monsieur, depuis dix-sept ans.

GASTON, à part.

Qu'est-ce qu'elle chante? (*L'aboiement d'un petit chien se fait entendre dans la salle voisine.*)

LA VIEILLE DAME

Ah! le voilà! (*A la cantonade.*) Je suis à toi, mon chéri.

GASTON

Alors Théodore n'est pas monsieur votre mari?..

LA VIEILLE DAME

C'est mon chien, monsieur; mon seul ami sur cette terre.

DEUXIÈME DOUANIER, visitant la malle de la vieille dame.

Un drôle de nom pour un chien!

LA VIEILLE DAME

Ce nom est toute une histoire, monsieur l'employé : j'avais seize ans...

DEUXIÈME DOUANIER

Seize ans!.. Votre chien a donc soixante ans.

LA VIEILLE DAME

Permettez... vous ne me laissez pas achever.

DEUXIÈME DOUANIER

Si vous croyez que j'ai le temps d'écouter vos histoires... Vous n'avez rien à déclarer?

LA VIEILLE DAME, ouvrant son châle.

Vous pouvez me fouiller, je me livre à vous, monsieur.

DEUXIÈME DOUANIER

Je ne vous demande pas cela. (*Visitant toujours sa malle.*) Qu'est-ce que c'est que ce paquet résistant? Ah! non, ça se casse.

LA VIEILLE DAME

Mais c'est le biscuit de Théodore; vous avez mis en morceaux le biscuit de Théodore.

DEUXIÈME DOUANIER

Pauvre bête!.. Et cet autre objet... résistant, pour le coup?

LA VIEILLE DAME

Je vous prie de laisser cela, monsieur.

DEUXIÈME DOUANIER

Je vous demande ce que c'est.

LA VIEILLE DAME

Vous voyez bien que c'est une... un...

DEUXIÈME DOUANIER

Un quoi?

LA VIEILLE DAME

Mais c'est un objet intime, monsieur.

DEUXIÈME DOUANIER, renseigné.

Ah! il fallait donc le dire tout de suite. Vous pouvez

emporter votre malle. (*Il la marque à la craie et ouvre la malle de miss Déborah.*)

LA VIEILLE DAME, prenant sa malle.

Quel butor! (*Au public.*) N'importe, j'ai passé mes dentelles. (*Nouvel aboiement.*) (*A la cantonade.*) Me voilà, mon trésor, me voilà! (*Elle sort en emportant sa malle.*)

SCÈNE DEUXIÈME

LES MÊMES, moins la vieille dame.

ADRIENNE, bas à Gaston.

Voilà une dame qui a passé ses dentelles.

GASTON

Elles ne la rajeuniront pas.

DEUXIÈME DOUANIER, à miss Déborah.

Votre malle ne contient pas d'objets soumis au droit?

MISS DÉBORAH

Pas la plus petite chose, monsieur.

DEUXIÈME DOUANIER

Qu'est-ce que je sens là?

MISS DÉBORAH

C'était mon révolver, monsieur.

DEUXIÈME DOUANIER

Ah! Ah! Et vous n'avez rien sur vous... sous ce waterproof?

MISS DÉBORAH

Ne touchez pas, monsieur, je vous défends de toucher... Il y a des femmes chargées de cette inquisition, je suppose.

DEUXIÈME DOUANIER

Ah! pardon!.. Vous pouvez passer.

MISS DÉBORAH, bas à Adrienne.

J'ai passé mes dentelles. (*Haut.*) Je vous attends. (*Elle s'assoit sur le banc qui est dans le fond.*)

ADRIENNE, bas à Gaston.

Miss Déborah passe aussi les siennes.

GASTON

Vous auriez donc pu passer les vôtres... mais je ne l'ai pas voulu.

ADRIENNE

Voilà! (*Elle va ouvrir ses malles.*)

GASTON, à part, passant à l'extrême droite.

Voilà un reproche qui retentira souvent à mes oreilles, et nul moyen de l'éviter. (*Changeant de ton.*) Mais si, il y a un moyen... c'est d'attirer sur Adrienne l'attention de messieurs les douaniers... c'est même de la faire fouiller légèrement, puisque je suis sûr qu'elle n'a pas de dentelles. De la sorte, je lui démontre qu'elle a bien fait de n'en pas emporter, et j'assure le repos de mon hiver. (*Haut, appelant le deuxième employé.*) Eh! monsieur l'employé, cette valise est à moi. (*Il indique une valise sur la table de droite et l'ouvre devant le deuxième douanier, en lui parlant bas.*)

ADRIENNE, au premier douanier à gauche.

Je puis refermer cette malle?

PREMIER DOUANIER

Oui, madame.

MATHILDE, au premier douanier.

A mon tour.

PREMIER DOUANIER, très-aimable.

Madame n'a rien à déclarer?

MATHILDE

J'ai à déclarer que cette cérémonie est bien ennuyeuse.

PREMIER DOUANIER

Madame aime à rire. Aurait-elle l'obligeance de me dire quel est ce petit paquet long et mou?

MATHILDE

Ce sont mes nattes, monsieur.

PREMIER DOUANIER

Ah!.. (*Galamment.*) Madame n'en a pourtant pas besoin. (*Il reboucle la malle de Mathilde.*)

MATHILDE, à part.

Hein! (*Bas à Adrienne.*) Je crois qu'il me fait des compliments. (*Riant.*) Ces choses-là n'arrivent qu'à moi.

ADRIENNE

Folle!

MATHILDE

Pas si folle! Je passerai mes dentelles.

PREMIER DOUANIER, à Mathilde, en marquant sa malle.

Madame peut faire enlever sa malle.

MATHILDE

L'avais-je dit?.. Je t'attends. (*Elle s'assoit sur le banc.*)

DEUXIÈME DOUANIER, bas à Gaston, en désignant Adrienne.

Ainsi vous pensez que cette dame?..

GASTON

Je ne pense rien. Je dis seulement que vous faites votre service mollement.

DEUXIÈME DOUANIER, à part.

Oui-da; serait-ce un inspecteur? Ouvrons l'œil. (*Il se rapproche d'Adrienne.*)

ADRIENNE, au porteur.

Mes malles sont à remporter.

DEUXIÈME DOUANIER, passant à la table de gauche.

Pardon, madame, celle-ci n'a pas été visitée. (*Il ouvre la malle et bouleverse les objets qu'elle contient.*)

ADRIENNE

Hein!.. Mais... prenez donc garde. Vous saccagez toutes mes affaires...

DEUXIÈME DOUANIER

Je fais mon devoir, madame.

ADRIENNE

Eh bien! vous avez tout vu, n'est-ce pas? (*Elle veut refermer sa malle et pince les doigts du douanier.*)

DEUXIÈME DOUANIER, secouant la main.

Un instant, madame. Comme vous êtes pressée!

ADRIENNE

Votre inspection est terminée, j'imagine?

DEUXIÈME DOUANIER

Terminée... terminée... (*Il l'examine.*) Madame est vêtue bien chaudement pour le mois de juillet.

ADRIENNE

Je suis vêtue comme il me plaît.

DEUXIÈME DOUANIER

C'est ce que les surveillantes examineront tout à l'heure. (*Il va parler bas au premier douanier.*)

ADRIENNE, effrayée, à part.

Qu'est-ce qu'il dit?

GASTON, à part.

Cela va bien.

ADRIENNE, à Mathilde.

Est-ce qu'on va me fouiller?

DEUXIÈME DOUANIER

Qu'avez-vous donc, madame? Vous êtes toute tremblante.

ADRIENNE

Moi, pas du tout! (*Bas à Mathilde.*) Je ne me sens pas bien. (*Elle s'appuie sur Mathilde.*)

MATHILDE

Adrienne!.. mais elle se trouve mal.

MISS DÉBORAH, se levant.

Respirez cet flacon et reprenez votre sentiment.

GASTON, s'approchant d'elle, à part.

Qu'a-t-elle donc?

DEUXIÈME DOUANIER

Mais remettez-vous, madame, remettez-vous! (*Il lui prend la main comme pour la ranimer. Adrienne retire vivement la main.*)

ADRIENNE

Laissez-moi.

DEUXIÈME DOUANIER, tirant un ruban de dentelles qui s'échappe par la manche ouverte d'Adrienne.

Qu'est-ce que c'est que cela? De la dentelle magnifique! (*Adrienne chancelle. Mathilde et miss Déborah la soutiennent.*)

GASTON, à part.

Comment! Elle en avait! (*Haut.*) Tu en avais!

ADRIENNE

Pardonne-moi, Gaston.

DEUXIÈME DOUANIER, à part.

Tiens, ils se connaissent!

MATHILDE, à Gaston.

Soyez indulgent, monsieur ; c'est moi qui suis la plus coupable.

MISS DÉBORAH

C'est nous qui avons entraîné cette pauvre petite en péché.

DEUXIÈME DOUANIER riant, à Gaston.

Comment, monsieur, vous connaissez cette dame et c'est vous qui m'avez expédié !..

GASTON, à part.

Silence !

ADRIENNE, à Gaston.

C'est vous qui m'avez dénoncée ?

GASTON

Est-ce que je savais, moi ? Est-ce que je pouvais supposer que vous étiez couverte de dentelles, après les promesses que vous m'aviez faites ?

MATHILDE, à part.

Mais on n'est pas bête comme cela.

MISS DÉBORAH

C'était stioupide ! (*A Gaston.*) Vous vous êtes conduit comme...

GASTON

Comme un imbécile, je le sais bien... mais, encore une fois, je ne pouvais croire qu'Adrienne...

DEUXIÈME DOUANIER, à part.

Moi, je la trouve drôle.

MATHILDE

Allons, monsieur de Gensac, nous sommes tous coupables, nous... (*Elle montre Adrienne.*) elle, vous, vous surtout.

ADRIENNE, vivement et prenant la main de Gaston.

Oh ! non ! moi surtout.

MISS DÉBORAH

Eh bien ! Alors, nous devons nous pardonner les uns aux autres.

DEUXIÈME DOUANIER, à Gaston, en lui montrant la porte à gauche.

Monsieur !

GASTON

Et payer l'amende. (*A Adrienne.*) Venez, petite criminelle. (*Il offre son bras à Adrienne et sort avec elle par la gauche, en suivant le douanier.*)

MISS DÉBORAH

Ces Françaises, ils savaient pas voyager ! si elle avait entortillé elle, comme moa...

MATHILDE

Elle aurait entortillé les douaniers.

MISS DÉBORAH, sortant par la droite avec Mathilde.

Mais elle n'a pas voulu entortiller elle. (*Elles sortent.*)

La toile tombe.

LA CORBEILLE DE MARIAGE

Comédie en un acte

PAR M. GEORGES DE LÉTORIÈRE.

PERSONNAGES

FANNY.
MAX.
UNE FEMME DE CHAMBRE.

La scène se passe à Paris, de nos jours.

LA CORBEILLE DE MARIAGE

Un salon très-élégant. Fanny assise devant une petite table au coin du feu achève de déjeuner. Toilette d'intérieur. Robe-fourreau en sicilienne gris-perle attachée de côté tout du long et garnie de vieille guipure italienne posée entre deux rangs de passementerie d'argent et chenille noire. Poche de côté avec passementerie d'argent et chenille noire. Fraise de vieille dentelle avec un bouton de rose dans la fraise. Souliers de satin noir à bride attachée par une boucle de marcassite. Bas de soie gris à coins d'argent. Les cheveux relevés très-simplement en deux groses torsades attachées par des boules d'écaille blonde.

SCÈNE PREMIÈRE

FANNY, MAX, entrant.

FANNY

Vous ? si matin ?

MAX

Ne m'avez-vous pas permis ?

FANNY

Je ne me rappelle pas ?

MAX

Mais si... pour la corbeille.

FANNY

Ah ! c'est vrai...

MAX

Vous déjeuniez ?.. Je ne vous dérange pas ?

FANNY

Vous avez déjeuné, vous ?

MAX

Je n'en sais rien.

FANNY

Comment ? vous n'en savez rien ?

MAX

Non, en vérité, je ne me rappelle pas... je suis troublé. Savez-vous que c'est une terrible affaire que de se marier.

FANNY

Mon pauvre ami, on ne se marie qu'une fois...

MAX

Je ne vous dis pas, mais c'est peut-être une fois de trop.

FANNY

Vous me paraissez dans d'heureuses dispositions... Je vous préviens que je trouve ces plaisanteries sur les choses graves...

MAX

Graves, il s'agit de s'entendre; c'est quelquefois très-comique, ces choses-là.

FANNY

Vous oubliez sans doute qu'il s'agit de ma cousine.

MAX

Non, madame, je ne l'oublie pas, et l'honneur d'entrer dans votre famille, le bonheur surtout de vous entendre m'appeler mon cousin... Je m'arrête, j'allais faire une phrase...

FANNY

Enfin, vous êtes amoureux de Marguerite ?

MAX

Moi ?.. sans doute... Elle est charmante, mademoiselle Marguerite. Elle joue très-bien du piano. Je ne peux pas souffrir la musique, mais je n'en apprécie pas moins son talent.

FANNY

Vous êtes bien gai aujourd'hui.

MAX

Que voulez-vous ? les conscrits chantent pour s'étourdir. Au moment de m'enrôler dans le grand régiment du mariage... J'allais faire encore une phrase. Décidément je ne suis pas gai, mais je suis bête aujourd'hui.

FANNY

Vous croyez que ça vous change ?

MAX

Méchante ! Ça paraît très-bon ce que vous mangez là. Qu'est-ce que c'est ?

FANNY

Des fraises, vous voyez bien.

MAX

Des fraises en février, quelle sybarite !

FANNY

En voulez-vous ?

MAX

Oh ! certainement. (*Il s'assied en face de Fanny qui lui offre des fraises.*) C'est délicieux. On se croirait à la campagne, dans une chaumière. Il n'y manque qu'un cœur.

FANNY

Qu'est-ce que vous en feriez ?

MAX

J'en ferais mauvais usage, c'est sûr, mais j'en ferais usage.

FANNY

Bah ! vous n'en avez seulement pas assez pour aimer votre fiancée... Oh ! vous avez beau protester, c'est ainsi ! Tenez, tous les hommes d'aujourd'hui me font l'effet de mendiants. Les hommes autrefois aimaient en prodigues, ils étaient tendres jusque dans leurs caprices, toujours épris, toujours fous, toujours heureux. Aujourd'hui, dépossédés d'amour et d'illusions, vieux sans avoir été jeunes, ruinés sans avoir dépensé, ils viennent piteusement vous tendre la main : « Un petit sou, s'il vous plaît ! » C'est moi qui ne leur en donnerai pas de petit sou !

MAX

Êtes-vous sceptique !

FANNY

Non, mais je vois le monde, j'écoute. Tout ce que je vois, n'est pas beau et tout ce que j'entends est encore plus laid. Ce que les hommes les mieux élevés disent aux femmes les plus honnêtes, savez-vous ce que c'est, dépouillé de ces phrases que vous n'aimez pas ? — Madame, aimez-moi donc un peu, pas longtemps, pas beaucoup, cela me fera plaisir et ne vous coûtera pas grand'peine.

MAX

Pas beaucoup... J'aimerais mieux beaucoup.

FANNY

Oui, mais pas longtemps.

MAX

Oh ! ça, c'est selon les idées. Qu'est-ce que vous appelez longtemps ?

FANNY

Toute la vie.

MAX

Et l'éternité ?

FANNY

Pour l'éternité, on verrait plus tard. (*Fanny sonne, une femme de chambre paraît et emporte le plateau.*)

MAX

C'est encore heureux. Il y a d'abord votre mari qui est là-haut dans les réservistes. Eh bien ! si monsieur Grandchamp vous réclamait, il en a le droit, n'est-ce pas ? qu'est-ce que vous feriez ?

FANNY

Mon devoir, monsieur.

MAX

Hum ! Enfin !.. Mon Dieu, si nous sommes désillusionnés de l'amour, c'est votre faute. — Il y a toujours une chose que la femme préfère à l'amoureux le plus séduisant, c'est sa robe.

FANNY

Allons donc !

MAX

Avez-vous pleuré dans votre vie ?

FANNY

Probablement.

MAX

Avez-vous pleuré quand votre robe était manquée, quand votre couturière l'apportait trop tard ou quand elle en avait donné le modèle à madame Z...? Avez-vous versé des larmes, de vraies larmes ?

FANNY, riant.

Je n'avouerai jamais cela.

MAX

Cette parole me suffit. Et si un pauvre garçon vous aime et vous le dit, qu'est-ce que vous faites ? Vous riez !

FANNY

Croyez bien que notre frivolité n'est souvent qu'un masque. Nous jouons un rôle dans le monde, nous tenons au costume comme toutes les actrices.

MAX

C'est justement cette comédie qui m'effraie. Impossible de se rendre compte de rien. Cette femme, qu'on va épouser, a le cœur enveloppé d'un voile impénétrable. Tenez, vous avez appris à nager ?..

FANNY

Oui.

MAX

Vous connaissez la sensation qu'on éprouve la première fois qu'on se jette du haut d'un pont. C'est un battement de cœur, un effroi qui vous saisit à la gorge, un bruit dans les oreilles : hou ! hou... Le mariage, pour moi c'est la même chose. Je me jette à l'eau, sûr que je vais me noyer.

FANNY

C'est très-joli pour Marguerite tout ça.

MAX

Oh ! ce n'est pas spécial à mademoiselle Marguerite, au contraire. Si jamais une personne semble devoir promettre à son mari une existence calme, c'est celle-là !

(Fanny se lève et va à la cheminée. Elle continue à parler debout et tenant un écran à la main.)

MAX

Il est bien joli cet écran, c'est peint sur satin ? Qu'est-ce qui a fait ça ?

FANNY

Moi, tout bonnement.

MAX

Vous avez du talent comme cela ! vous tout bonnement ! mais c'est un Watteau ! Quand donc trouvez-vous le temps de faire ces merveilles-là ?

FANNY

Quand je suis toute seule, bien tranquille.

MAX

Vous aimez la solitude ?

FANNY

Assez.

MAX

Je vous croyais une mondaine passionnée.

FANNY

Je ne déteste pas le monde qui est un grand théâtre très-divertissant, mais la solitude me plaît ensuite pour réfléchir à ce que j'ai vu.

MAX

Vous n'allez pas me persuader qu'à votre âge et faite comme vous voilà, vous ne recherchez le monde que dans un but philosophique.

FANNY

Parlons de votre corbeille.

MAX

Vous ne voulez pas me répondre ?

FANNY

La question me paraît impertinente.

MAX

Ah ! madame, je vous demande pardon. Je n'ai point questionné, j'ai voulu dire seulement que si on ne faisait pas la cour aux femmes, elles n'iraient pas dans le monde.

FANNY

Je proteste.

MAX

Je vous assure que l'hommage le moins cherché par la femme la moins coquette est un bonbon qu'elle croque encore avec plaisir.

FANNY

Je ne suis pas gourmande.

MAX

C'est pourtant un joli défaut... Qu'est-ce que vous

me conseillez de donner à madame de Sassenage, ma future cousine ?

FANNY

Donnez-lui des livres.

MAX

Elle ne lit jamais.

FANNY

Justement. Elle a besoin de s'instruire. Donnez-lui le *Guide de l'étranger dans Paris*. Elle n'est pas française, elle ne sait pas...

MAX

Se conduire.

FANNY, riant.

Je n'ai pas dit cela.

MAX

On pourrait encore lui offrir l'*Art de bien se tenir en société*. Elle y trouverait des renseignements utiles. Elle apprendrait, par exemple, qu'on ne met pas du satin blanc et des diamants à un thé de famille ; qu'on ne raconte pas tout haut une aventure dont l'héroïne est à trois fauteuils de vous ; qu'on ne tourne pas le dos à une femme qui vous adresse la parole ; qu'on ne fait pas en public le compte de la fortune des gens ; qu'on n'est pas poli avec un homme en raison de ce qu'il possède, mais en raison de ce qu'il vaut ; qu'on ne détaille pas à souper les mérites plus ou moins positifs de son mari ; qu'on n'invite pas en disant : je vous prie de me faire le plaisir ; qu'on ne met pas un suisse au bas de son escalier quand on fait de la musique, si l'on n'a pas un hôtel à soi; qu'on ne lorgne pas à table; qu'on ne pose pas son pied sur un pouf en plein salon pour qu'un jeune homme l'admire de plus près.

FANNY

Vous avez vu ça?

MAX

J'en ai vu bien d'autres.

FANNY

Elle l'aurait fait pour vous que vous l'eussiez trouvé charmant.

MAX

Ma parole, non. Je n'aime pas plus les avances que les impertinences. Remarquez qu'elles viennent des mêmes femmes.

FANNY

Mais elles ne s'adressent pas aux mêmes hommes. Je crois que vous devez connaître plutôt les unes que les autres.

MAX

Vous êtes bien polie. En faites-vous, vous, des avances?

FANNY

Moi? par exemple!

MAX

Eh bien! pourquoi voulez-vous que je les aime? Je n'aime que les choses rares, précieuses et qui viennent de bonne source.

FANNY

Je ne sais si je me trompe; mais il me semble que les demoiselles de l'Opéra ne sont ni rares, ni précieuses, ni de bonne source.

MAX

C'est à moi que ce discours s'adresse ?

FANNY

A qui voulez-vous donc que ce soit ?

MAX

Je ne comprends pas tout l'honneur de cette allusion. Si vous avez pris la peine de demander des informations, on vous a volé votre argent.

FANNY

Je n'ai soudoyé personne. Les choses se savent sans qu'on les demande. Et puis, pour Marguerite...

MAX

Vous êtes l'ange des cousines... Mais rassurez-vous, l'Opéra ne m'offre aucun danger. Savez-vous que vous m'effrayez : si j'ai, pour veiller sur le bonheur de mon ménage, un Argus avec de si beaux yeux...

FANNY

Oh ! une fois marié, mon cher monsieur, je ne vous regarderai plus. La vie d'un jeune homme appartient au public ; celle d'un mari n'appartient qu'à sa femme.

MAX

Vous comprenez la jalousie, vous, alors ?

FANNY

Belle question ! et vous ?

MAX

Pas le moins du monde, c'est là une maladie d'un autre temps, que la légèreté du nôtre ne comporte point. Les belles étoffes des vieux siècles, les brocarts, ont un envers... Le tulle et la gaze n'en ont pas.

FANNY

Je suis donc d'un autre siècle : mes sentiments sont solides comme du brocart tissé d'acier.

MAX

Cela ne donnera pas envie de vous épouser.

FANNY

Très-aimable... Pas à vous, mais à d'autres.

MAX

A qui donc ?

FANNY

Peu vous importe...

MAX

Dites-moi à qui ?.. Ah ! j'y suis... le général...

FANNY

Le général ! il a trop de lauriers et pas assez de...

MAX

Pas assez de myrtes. C'est délicat, ce que je dis là.

FANNY

Oh ! charmant ! et nouveau ! On ne l'a guère répété que vingt mille fois depuis la Restauration.

MAX, riant.

Et c'est Homère qui avait inventé la phrase, ainsi, comptez !.. Voyons, qu'est-ce qui peut songer à vous épouser ?

FANNY

Vous y pensez encore ?

MAX

Mais c'est intéressant !..

FANNY

Pour moi, oui... C'est quelqu'un que vous ne connaissez pas et qui est en Russie.

MAX

C'est Montbars ! J'en suis sûr ! Il est en Russie.... et il m'a cent fois parlé de cette jolie veuve qu'il voulait épouser : des yeux de gamin dans un visage de madone. Ne vous fâchez pas, c'est lui qui dit cela... Et vous l'aimez ?

FANNY

Suis-je à confesse ?

MAX

Il a toujours eu du bonheur, cet animal-là ! Il n'a jamais pris un billet de loterie sans gagner le gros lot... Enfin ! il me reste à vous faire mon compliment sincère. Adieu, madame.

FANNY, riant.

Qu'est-ce qui vous prend ? Vous voilà fâché ?

MAX

Que voulez-vous que je fasse ici, puisque vous vous mariez ?..

FANNY

Vous êtes bien drôle. Vous faites les demandes, les réponses, et puis vous prenez un air lugubre, tout à coup, sans raison. — Pourquoi vous souciez-vous qu'on se marie ? N'en faites-vous pas autant ?

MAX

Certainement, mais c'est toujours ennuyeux de voir une jolie femme se marier par amour... avec un autre.

FANNY

Alors, vous êtes Turc ?

MAX

Sans être Turc, il y a là un sujet de réflexions d'autant moins agréables que le bonheur de l'autre paraît plus certain...

FANNY

Cela, c'est parler en homme généreux ou je ne m'y connais pas. Je constate avec intérêt que le bonheur d'autrui vous gêne, quand même il ne pèserait pas plus qu'une plume sur le vôtre. Non-seulement vous arrangez votre vie à votre gré — ce qui est bien votre droit — mais encore vous voulez des ennuis pour les autres, comme vous voulez de la neige dehors, sans doute, quand vous vous chauffez à un bon-feu.

MAX

Alors, c'est vrai, vous aimez Montbars ?

FANNY

J'ai déjà tâché de vous faire comprendre que le secret de mes sentiments ne vous regarde pas.

MAX

Et moi, j'ai eu l'honneur, madame, de prendre congé de vous.

FANNY

Adieu donc. (*Max baise la main de Fanny et sort.*)

SCÈNE DEUXIÈME

FANNY, seule, va à son piano et l'ouvre, puis le referme. Elle revient alors lentement vers la cheminée, tout en parlant.

Les hommes sont bizarres, en vérité ! En voilà un qui certainement n'est ni bête, ni méchant. On le croirait tel à l'entendre. Il est trop libre et trop heureux. C'est le malheur des souverains absolus. — A vrai dire, ces aimables hommes, si prosternés quand on ne se soucie pas d'eux, ne sont que de la monnaie de tyrans. Un joli mari pour Marguerite ! Il ne l'aime pas, mais pas du tout... Et, de l'humeur dont il est, qui peut-il aimer ?

SCÈNE TROISIÈME

FANNY, MAX.

(Max entr'ouvre la porte.)

FANNY

Comment ! encore vous !

MAX, restant sur le seuil.

Je vous demande pardon, mais notre discussion m'a fait tout à fait oublier le but de ma visite... Vous m'aviez promis vos conseils pour une corbeille et j'ose vous supplier de ne pas me les refuser.

FANNY, riant.

Allons, entrez, vous faites une si drôle de mine là-bas derrière ce fauteuil! je n'ai pas le courage de vous maltraiter, vous avez déjà l'air assez infortuné...

MAX, avec un soupir.

Oh ! je le suis... je le suis ! Un homme qui se marie et qu'on mène à l'autel à coups de bâton.

FANNY

A coups de bâton !

MAX

Oui. Avez-vous été assez dure pour moi ! Et des moqueries, et des plaisanteries, et des aphorismes, et Montbars par-dessus le marché, tout est tombé sur ma tête innocente... J'étais pourtant venu ici, moi, avec des intentions pures !

FANNY

Je veux bien le croire. Sortez de votre retranchement, voyons, avancez... Soyons amis et tâchez de ne plus dire d'absurdités, si c'est dans vos moyens.

MAX

Alors nous sommes de vrais vieux amis ? Ça vous va ?

FANNY

Parfaitement.

MAX

Je puis m'enhardir jusqu'à vous demander un service? (*Il s'assied sur le pouf devant le fauteuil où Fanny s'est placée.*)

FANNY

Demandez toujours, je verrai si je peux vous le rendre...

MAX

Eh bien ! chère madame, votre tact exquis a déjà dû vous faire plaindre les malheureux qui se marient.

FANNY

Je vous plains, c'est convenu, voilà une heure que vous me demandez ma compassion sous toutes les formes. Vous l'avez... Ensuite ?

MAX, d'un ton résolu.

Quand la petite mariée a quitté sa robe blanche pour

revêtir un costume de voyage et qu'on se trouve avec elle, en wagon... tout seul, qu'est-ce qu'on lui dit ?

FANNY

Comment! qu'est-ce qu'on lui dit? Mais tout ce qu'on veut !

MAX

Pas tout ce qu'on veut, au contraire! — Être chargé d'apprendre brusquement la réalité à une enfant qui ne connaît la vie qu'à travers la blancheur de ses voiles, c'est un terrible rôle, savez-vous ?

FANNY

Je n'ai jamais beaucoup réfléchi à cela et je préfère n'en point parler. Tout le monde se marie et personne n'en est mort. — Le cœur, en pareil cas...

MAX

Le cœur, je sais bien... mais vous dites que je n'en ai pas.

FANNY

On appelle l'esprit à son aide.

MAX

Aussi, comme il faut du renfort, je viens chercher le vôtre. Il n'y a que les femmes pour se promener spirituellement dans les situations... les moins spirituelles.

FANNY

Marguerite vous viendra en aide... Les jeunes filles sont plus charitables que vous ne pensez...

MAX

C'est possible, mais avant la pièce je voudrais bien une répétition générale... Très-belle amie, voilà où votre pitié peut trouver l'occasion de se montrer. Répétons, voulez-vous ? Supposez que vous êtes Marguerite. C'est le jour de mon mariage, nous voilà en wagon, vous dans un coin, moi en face de vous... (*Il range des fauteuils de façon à représenter un wagon de chemin de fer, fait asseoir Fanny qui le regarde étonnée.*) Tenez, prenez ce livre, il remplacera votre sac de voyage et vous servira de contenance... (*Max sonne.*)

FANNY

Que faites-vous ?

MAX, à Julie, qui entre.

Julie, le chapeau de madame, une toque, vous entendez... (*Julie sort.*) Quand on répète, il faut être sérieux... Vous êtes bien de mon avis, n'est-ce pas ?

FANNY

Quel original vous faites ! (*Julie apporte la toque, Fanny la met.*)

MAX

Très-bien ! Quelle jolie chose, comment appelez-vous cela ?

FANNY

Du lophophore. (*Julie tend des gants à Max qui les offre à Fanny.*)

MAX

Voilà un oiseau qui doit être content de ne plus voler...

FANNY, *mettant ses gants.*

Pourquoi ?

MAX

Il paraît se trouver si bien sur votre tête ! Là, baissez votre voile, vos yeux m'intimident... (*Il s'assied en face d'elle.*) Hum !.. charmant voyage, n'est-ce pas ?

FANNY

Mais oui. (*Un silence.*)

MAX

Êtes-vous bien, ma chère amie ?

FANNY

Parfaitement. (*Nouveau silence.*)

MAX

Aimez-vous les voyages, en général ?

FANNY

Assez.

MAX

Nous voyagerons donc.

FANNY

Si vous voulez...

MAX

Ah bien ! si vous ne répondez que par monosyllabes, comment voulez-vous que je m'en tire ?.. C'est déjà assez difficile comme ça !

FANNY

Je ne peux pourtant pas vous réciter une tirade des *Femmes savantes*. Dites-moi des choses auxquelles on puisse répondre. Ça n'est pas ma faute si vous n'avez pas d'imagination.

MAX

Et puis, vous me regardez sous votre voile avec un air de vous moquer de moi. Si vous croyez que je ne le vois pas !

FANNY

Vous êtes impossible. Je me prête aimablement à une plaisanterie d'un goût contestable et voilà encore que vous allez me chercher querelle.

MAX

Eh bien ! je vous demande grâce. Continuons, je vous en prie... ma chère Fanny, je...

FANNY

Comment !

MAX, change de place et s'assied à côté de Fanny.

Pardon !.. Ma chère Marguerite, si vous saviez comme j'étais impatient d'être seul avec vous, comme tous ces importuns me rendaient malheureux. J'ai tant de choses à vous dire ! (*Il lui prend la main, Fanny la retire.*) Pourquoi me retirer votre main ? M'en voulez-vous, ma chère petite femme ? Quel joli mot ! (*Fanny se laisse reprendre la main.*) Et quelle jolie petite main ! J'ai toujours pensé que j'aimerais être mené en laisse par une main pareille... Vous verriez comme je serais tendre et soumis... Il n'y a pas de chien d'aveugle...

FANNY

Tâchez de vous comparer à autre chose si ça ne vous fait rien... Vous me transformez en mendiant du Pont-Neuf.

MAX, continuant.

Il n'y a pas de caniche...

FANNY

Vous y tenez.

MAX

Oui, parce que c'est l'emblème de l'obéissance la plus absolue.

FANNY

Et de la fidélité.

MAX, très-gravement.

Certainement. (*La regardant.*) Comment ne vous serait-on pas fidèle, à vous qui êtes bien ce que je connais au monde de plus mauvais et de plus charmant ? (*Fanny éloigne un peu son fauteuil. Max reprenant d'un ton calme.*) Vous avez quelquefois (*Appuyant sur le nom*), Marguerite, songé au mariage : dites-moi un peu, qu'en pensez-vous ? Vous fait-il peur ?

FANNY

Non. Je crois que c'est un état fort agréable qui nous permet de porter des diamants à nos oreilles, des dentelles sur nos robes, d'inviter qui nous voulons et de dépenser notre argent à notre guise.

MAX

Quelle place faites-vous au mari dans tout cela ?

FANNY

Le mari, c'est le maître de la maison.

MAX

Voilà tout ? L'aimez-vous ?

FANNY

Sans doute, le devoir...

MAX

Vous ne l'aimez que par devoir ?

FANNY

Je ne sais. Cela dépend de lui.

MAX

Et que doit-il faire pour être aimé... d'amour ?

FANNY

Il doit, je pense, commencer par aimer lui-même.

MAX

Vous avez raison. Pourquoi donc se cache-t-on d'aimer comme d'un ridicule ? Pourquoi refoule-t-on toutes ses émotions et tous ses élans pour ne montrer qu'un masque railleur qui fait si bien partie de nous-mêmes qu'il devient notre visage ? C'est une sotte habitude de rire de tout, et nous nous en sentons bien las !.. Vous qui êtes une vraie femme, vous avez dû, dans vos rêves, demander à la vie autre chose que des couronnes de fleurs, des dentelles et des compliments... Écoutez-moi une seule fois : je dirai ce que je pense, ce que je sens. J'ai songé, moi aussi, à l'amour, au mariage, et je ne les séparais pas : j'ai souhaité une tendresse profonde, née d'une mutuelle estime ; une félicité d'autant plus grande, qu'elle ne commençait pas par toutes les folies de la passion, mais par tous les charmes de l'amitié. J'ai cru qu'il y avait moyen de pénétrer peu à peu dans le cœur d'une femme en lui laissant deviner ce qu'on éprouvait, et qu'elle avait assez d'esprit pour le comprendre, assez de bonté pour en être attendrie. J'ai eu des songes délicieux d'excursions à deux dans les hasards et les dangers d'un voyage d'écoliers, de soirées solitaires au coin du feu avec des livres favoris près d'une aquarelle commencée, d'émotions partagées en face d'un beau ciel ou au fond d'une loge en écoutant l'œuvre d'un poëte. J'ai eu des visions de robe blanche, errant sous les vieilles futaies de mon parc ou s'agenouillant dans ma petite chapelle. J'ai cru au bonheur, comme un autre, et surtout aux douleurs partagées. Enfin, je me suis vu traversant la vie avec une chère petite main, ne quittant pas la mienne. Me suis-je trompé, Fanny ? et tout cela en effet est-il si loin de moi que je n'y puisse jamais atteindre ?

FANNY, troublée.

Qu'est-ce que vous avez ? Est-ce encore un jeu ?

MAX

Vous voyez bien que non. Je vous jure que jamais

une autre femme n'entendra un mot de tout ce que je viens de dire ici.

FANNY

Pourquoi cela ? Nous ne faisons donc plus notre répétition générale ?.. Suis-je Marguerite ? suis-je Fanny ? je n'y comprends plus rien.

MAX

Vous êtes Fanny, c'est à Fanny que j'ai parlé et c'est Fanny qui m'a entendu. — Qu'elle le prenne comme elle voudra, c'est elle que j'aime et vous voyez bien que, pour rien au monde, je ne veux en épouser une autre.

FANNY, souriant et parlant d'une voix un peu altérée.

Allons ! c'est très-clair !.. Voilà un voyage qui nous a menés un peu loin...

MAX

Non... au bonheur si vous voulez. — Répondez-moi.

FANNY

Que puis-je répondre ?

MAX

Vous m'en voulez ? vous me mettez à la porte ?

FANNY

Je n'ai pas dit cela... mais Marguerite ?..

MAX

Elle épousera un homme qui aime la musique. Je la déteste, c'est connu. Nous n'aurions pas fait bon ménage. — Répondez-moi... Votre silence me rend si malheureux !

FANNY, à demi-voix, sans le regarder.

Ne devions-nous pas acheter une corbeille ?.. Allons toujours la choisir, nous causerons en route. (*Max baise la main de Fanny.*)

Rideau.

NOTRE CHER INSENSIBILISATEUR!

Comédie en un acte

PAR M. ERNEST D'HERVILLY

PERSONNAGES

DE PRÉPATOUR.
RISOTTO.
MADAME PERCENEIGE.

NOTRE CHER INSENSIBILISATEUR !

Un petit salon très-modeste. — Porte à droite, porte à gauche. — Siéges. — Une table chargée de brochures.

SCÈNE PREMIÈRE

RISOTTO, il entre par la porte de droite, un habit de livrée sur le bras, et tenant à la main une paire de faux favoris. Il est en bras de chemise. Il jette un regard à la pendule.

Déjà neuf heures et pas encore un client ! — C'est bien étrange ! — Comme les maux de dents se lèvent tard, aujourd'hui ! (*Il regarde par une fenêtre.*) — Le temps est pourtant exquis : brouillard et vent d'est ; il a dû pleuvoir énormément de fluxions cette nuit. — Mais procédons à ma toilette. (*Il endosse l'habit de livrée, et colle les faux favoris.*) Là, me voici prêt. L'ère des extractions est ouverte, et Lafleur annoncera, quand on voudra, à son maître le célèbre Risotto, c'est-à-dire... enfin, c'est facile à comprendre : le célèbre Risotto et Lafleur ne font qu'un seul et même dentiste : — Ainsi le veut la dureté du temps ! — Oh ! le commerce va bien mal, et, sans les pourboires de Lafleur, je ne sais pas comment le célèbre Risotto, notre grand praticien des Apennins et l'inventeur de *notre cher Insensibilisateur*, comme disent les dames, arriverait à joindre les deux bouts. Hier, j'ai déjeuné d'une molaire d'ecclésiastique, et c'est avec une incisive de soldat que j'ai satisfait, le soir, une faim canine... C'était maigre. — Oh! ce n'était pas la peine de faire visser sur ma porte une si belle plaque de cuivre avec cette inscription : *Cabinet odontalgique* DU SIGNOR RISOTTO, D. M., ce qui peut se traduire par *Docteur-Médecin* pour les gens qui n'ont pas confiance, mais ce qui signifie tout bonnement, pour moi, *Dentiste-mécanicien.* — (*On sonne.*) — Oh! un client! Vite, à mon triple rôle de Risotto, de Lafleur et même, comme aujourd'hui, de client imaginaire à la cantonade. (*Il ouvre la porte de gauche.*)

SCÈNE DEUXIÈME

RISOTTO, DE PRÉPATOUR, avec un mouchoir en mentonnière.

RISOTTO

Entrez, entrez vite, cher monsieur. L'escalier est un véritable pique-nique de courants d'air!

DE PRÉPATOUR

(*Il profère des paroles absolument inintelligibles en mâchonnant les mots, et montre sa joue.*)

RISOTTO

Pauvre monsieur! — Oh! je comprends très-bien ce que dit monsieur. Monsieur a été pris, cette nuit, d'une rage de dents infernale. Monsieur n'a pas fermé l'œil un instant, et ce matin, dès l'aube, monsieur a pris la résolution de venir demander le soulagement de son mal au célèbre Risotto.

DE PRÉPATOUR

(*Même discours incompréhensible.*) — Tout de suite !

RISOTTO

Oui, monsieur. Parfaitement.

DE PRÉPATOUR

(*Même jeu, en lui offrant une pièce de vingt sous.*)

RISOTTO

Monsieur me comble ! — Monsieur me demande si le signor Risotto est visible, et me prie, au cas où le célèbre praticien serait envahi, de vouloir bien lui ménager un tour de faveur. — Monsieur souffre cruellement et voudrait être opéré tout de suite ?

DE PRÉPATOUR, mâchonnant.

Un damné ! un damné !

RISOTTO

J'y cours, monsieur, j'y cours. (*Il sort par la porte de droite.*)

SCÈNE TROISIÈME

DE PRÉPATOUR, seul.

Oui, je souffre comme un damné !.. Oui ! c'est-à-dire que... Ah ! voilà qui est curieux, on dirait que le damné vient d'entrer soudain dans le purgatoire ? — C'est bien singulier ! — On me l'avait raconté souvent, et je ne voulais pas le croire, que d'aller jusqu'à la porte du dentiste, ça guérissait le mal de dents. — Mais, c'est que ça y est ! — Ah ! elle est bien bonne ! — Non, mais là, sérieusement, je ne sens presque plus rien... qu'un petit... tout petit picotement... dans le fond, dans le fin fond... Mais j'y songe, cet animal de dentiste va me faire maintenant un mal de chien !.. — Ma foi, j'en serai pour mon franc au domestique, mais je n'ai pas envie à présent de... Non, mais c'est que je n'ai plus rien du tout ! — Je mâcherais du fer battu !.. Tant pis, je file... ni vu ni connu !.. — La clef de Garengeot (*Il fait le geste de s'arracher une dent.*) a du bon, sans doute ; mais, dans le florissant état actuel de ma mâchoire, je lui préfère la clef des champs ! — C'est entendu, je m'en vais... (*Au moment où il va ouvrir la porte de gauche, survient Risotto.*) — Pincé !

SCÈNE QUATRIÈME

DE PRÉPATOUR, RISOTTO.

RISOTTO

Monsieur, le célèbre Risotto est tout à fait peiné d'avoir à faire attendre Monsieur. Monsieur orifie ! Il lui est impossible de satisfaire le désir de Monsieur pour l'instant. — D'ailleurs, le salon des dames est plein, et, par courtoisie... Voici votre numéro. — Vous avez le numéro 52.

DE PRÉPATOUR, souriant.

Le numéro 52 ! — Oh ! j'ai du temps devant moi ! —

Dieu soit loué ! — Mais qu'il fasse donc comme chez lui, ce cher Risotto. — Et vous-même, mon cher...

RISOTTO

Lafleur, pour servir Monsieur...

DE PRÉPATOUR

Eh bien, mon bon Lafleur, vous pouvez vous retirer : j'attendrai seul... (*A part.*) le moment de filer...

RISOTTO

Si Monsieur voulait jeter un coup d'œil sur les brochures ? — Voici la description de notre cher *Insensibilisateur.* — Je puis la lire à Monsieur ? (*Il fouille parmi les brochures.*)

DE PRÉPATOUR

Non, merci, Lafleur. (*A part.*) L'animal ! il ne s'en ira donc pas ?

RISOTTO

Monsieur, notre cher *Insensibilisateur* est un véritable bienfait ! — On devrait le signaler aux condamnés à mort. — Pas une douleur ; une extrême satisfaction, au contraire.

DE PRÉPATOUR

Vraiment ?

RISOTTO

C'est comme j'ai l'honneur de le dire à Monsieur. Nous avons ici un homme très comme il faut, monsieur Traînefenouille : Monsieur ne connaît pas ?

DE PRÉPATOUR, avec humeur.

Non, je ne connais pas monsieur Traînefenouille !

RISOTTO

Eh bien, monsieur Traînefenouille n'a qu'un désir, qu'une ambition, qu'un rêve : être soumis sans cesse à notre cher *Insensibilisateur* ! — Voilà trois ans qu'il vient par plaisir dans ce salon, tous les jours, pour se faire extirper une dent.

DE PRÉPATOUR

Trois ans ! — Ah ! permettez ! — Il n'a jamais pu y venir que trente-deux fois, et encore en admettant qu'il fût propriétaire d'une denture irréprochable à l'époque de ses débuts dans ce salon !

RISOTTO

Monsieur oublie les dents doubles, barrées et les triples croches ?

DE PRÉPATOUR

Tant que ça de dents ! — Alors ce n'est pas Traînefenouille qu'il devrait s'appeler votre vieil édenté, c'est crocodile, c'est requin de première classe !..

RISOTTO

Monsieur veut rire ! Il est de fait que monsieur Traînefenouille ne venait pas ici tous les jours pour son propre ivoire. — Monsieur Traînefenouille est un des collaborateurs du Jardin des plantes : il venait consulter pour les défenses d'un petit éléphant de lait.

DE PRÉPATOUR, à part.

Cette histoire absurde va me coûter une dent ! — Oh ! que je voudrais m'en aller ! (*Haut.*) Vous disiez, monsieur Lafleur ?

RISOTTO

Je disais à Monsieur, pour en revenir à notre cher *Insensibilisateur*, que monsieur Traînefenouille entrait dans le cabinet de monsieur, s'asseyait dans le grand fauteuil à crémaillière...

DE PRÉPATOUR, avec effroi.

(*Haut.*) Vraiment ! — (*A part.*) Aïe... Oh ! que je voudrais m'en aller !

RISOTTO

Le célèbre Risotto lui fourrait alors le tube sous le nez...

DE PRÉPATOUR, avec ennui.

Oh ! il y a un tube ?

RISOTTO

Deux ! — Un pour chaque narine. — Alors, monsieur Traînefenouille ouvrait la bouche, et le célèbre Risotto cueillait le chicot, cric, crac, croc...

DE PRÉPATOUR, se tordant.

Assez ! assez ! (*A part.*) Ah ! que je voudrais être loin d'ici !

RISOTTO

Et monsieur Traînefenouille se réveillait enfin, en disant avec un sourire d'ange : « Encore ! encore ! »

DE PRÉPATOUR

C'est effrayant ! — Je crois qu'on a sonné ?

RISOTTO

Monsieur a l'oreille fine. Oui, on a sonné au salon des dames. J'y cours ! n'oubliez pas votre numéro. On doit en être au 40. (*Il sort par la porte de droite.*)

SCÈNE CINQUIÈME

DE PRÉPATOUR, seul.

On est au 40 ! — Plus que 12 numéros ! — C'est effroyable ! mais plus souvent que je vais me faire pincer le nez dans le tube de notre cher *Insensibilisateur*. Filons. — L'instant est bon. (*Au moment où il prend son chapeau et se dirige vers la porte de gauche, le bruit d'une voix féminine se fait entendre. De Prépatour l'écoute, et dit :*) Tiens ! il me semble que je connais cette petite voix-là ?.. (*Comme il va pour ouvrir la porte de gauche, celle-ci s'ouvre brusquement, et de Prépatour reçoit dans le nez le dos de Risotto qui entre à reculons.*) Re-pincé !

SCÈNE SIXIÈME

DE PRÉPATOUR, RISOTTO, puis MADAME PERCENEIGE.

RISOTTO

Veuillez vous donner la peine d'entrer, madame ! — Oh ! je devine tout : Pas pu dormir. Douleur infernale. — Connu.

MADAME PERCENEIGE, du dehors.

Permettez ! — Je n'ai qu'un mot à dire à... votre... à ce monsieur... enfin au directeur du cabinet odontalgique... mais je ne sais si je dois...

DE PRÉPATOUR, à part.

Ma parole, j'ai entendu cette voix-là hier soir, chez les Sautricot, à dîner ?..

RISOTTO, insistant.

Mais entrez donc, madame !.. Le salon des dames est plein... Il n'y a ici qu'un monsieur... (*A voix basse.*) très-discret... un aide de monsieur... son bras droit...

DE PRÉPATOUR

Qu'est-ce qu'il lui dit donc tout bas ?

MADAME PERCENEIGE, entrant.

Alors, j'entre... Annoncez madame veuve Perceneige.

DE PREPATOUR, il arrache sa mentonnière, qu'il fourre précipitamment dans une poche de derrière, d'où elle pend comme une longue queue blanche.

Ciel ! ma voisine de table d'hier soir ! — Oh ! que je voudrais bien m'en aller ! — (*Il s'abîme dans la lecture des brochures.*)

RISOTTO, offrant un siége à madame Perceneige.

Madame, vous avez le numéro 57. — Je vais aller prévenir le célèbre Risotto. Madame usera probablement de notre cher *Insensibilisateur* ?.. Il faut cela pour nos petites perles ! (*Il sort par la porte de droite.*)

SCÈNE SEPTIÈME

DE PRÉPATOUR, MADAME PERCENEIGE.

MADAME PERCENEIGE, à part.

Que veut-il dire avec son cher *Insensibilisateur* ? Oh ! j'y suis ! — Mais croit-il que je veuille me faire arracher.. ! Le pauvre homme ! il ne se doute guère que je suis montée chez son maître uniquement pour échapper à la surveillance indiscrète d'un poursuivant exaspéré... Oui, j'ai voulu dépister, un moment, ce stupide monsieur qui m'accompagne partout comme si j'étais une odalisque et qu'il fût un... jaloux du sérail. Or, ayant lu, en passant devant une porte, sur une plaque de cuivre, qu'il y avait un dentiste dans la maison, je me suis dit : voilà mon moyen de salut ! j'ai enfilé l'escalier et voilà tout ! — Ce cabinet odontalgique me servira de refuge un instant. J'expliquerai cela à ce dentiste... Mais, au fait, pourquoi ne pas le dire à son aide ? — (*Haut.*) Monsieur !

DE PRÉPATOUR, le nez dans ses brochures.

Madame ?

MADAME PERCENEIGE, à part.

Oui, je vais lui dire que, quoique je sois montée chez un dentiste, je n'ai encore perdu... que mon mari...

La voix de RISOTTO, en dehors.

43 ! — Le numéro 43 ! — Voyons, mesdames ! — Le 43 n'est pas là ? Au 44 !

DE PRÉPATOUR, à part.

Aïe ! — Ça se rapproche... Oh ! que je voudrais bien m'en aller ! Oui, mais si je me lève, cette dame va deviner mon projet. Elle va se dire : — Voilà un monsieur qui n'a vraiment pas beaucoup de courage ! Voilà un monsieur qui se sauve comme un lièvre ! Voilà un monsieur qui canne ! Et elle aura joliment raison de se moquer d'un être à barbe qui a peur de se faire arracher une dent.

La voix de RISOTTO

(*Il imite les cris d'une patiente, puis il parle en grossissant sa voix.*) Oh ! Ah ! — Oh ! — Vous ai-je fait le moindre mal, madame ? Oui ! Oui ! Je vous l'avais bien dit : Il faut toujours en venir à notre cher *Insensibilisateur* ! — Là, voilà le tube ! — Eh bien ? — (*Voix de la patiente.*) — Encore ! encore !

DE PRÉPATOUR, à part.

C'est égal. Il est temps de fuir. — Mais quel prétexte inventer ? — Je vais avoir l'air d'un lâche déserteur, d'un poltron infect, c'est évident. — Non ! je n'ai même pas l'énergie de cette faible créature. — Oh ! c'est qu'aussi je n'ai plus du tout la mâchoire en détresse... Ça serait par trop dur de me faire extraire quelque chose par pur héroïsme... Il a joliment raison le modeste auteur de ce beau cri de l'âme : « N'arrachez pas, guérissez ! » — Allons, partons doucement... (*Il se dirige à pas de loup du côté de la porte.*)

MADAME PERCENEIGE

Monsieur !

DE PRÉPATOUR

Re-re-pincé ! (*Il met son chapeau devant sa figure.*)

MADAME PERCENEIGE

Monsieur, un mot ? — (*A part.*) Je suis sûre que cet être-là se figure que je viens ici pour un râtelier complet ?—(*Haut.*) Monsieur, un mot ?—Mais qu'avez-vous donc ?— Souffrez-vous ?

DE PRÉPATOUR

Oh ! beaucoup, madame, mais je crois que le grand air.. (*A part.*) fût-ce celui de Sémiramide... (*Haut.*) me ferait un bien extrême et... je sors pour m'en abreuver.

MADAME PERCENEIGE

Monsieur, vous croyez peut-être, en me voyant ici, que je suis venue pour... Non. Vous vous trompez ! — Et je voudrais que vous expliquassiez à monsieur votre patron...

DE PRÉPATOUR

Mon patron ? Plaît-il, madame ?

MADAME PERCENEIGE

Monsieur Sirotto ?

DE PRÉPATOUR

Sirotto ? — Ah ! Risotto vous voulez dire, madame...

MADAME PERCENEIGE

Monsieur Risotto, veux-je dire, votre patron...

DE PRÉPATOUR

Mon patron ?

MADAME PERCENEIGE

Oui. Le domestique m'a dit tout à l'heure. — (*Elle fait le geste d'arracher une dent.*) Est-ce que vous ne les... ?

DE PRÉPATOUR

Moi, madame ! — Au contraire !

MADAME PERCENEIGE

Au contraire ? — Ah ! — Alors, vous les... (*Elle fait le geste de quelqu'un qui fixe un râtelier sur une mâchoire.*)

DE PRÉPATOUR

Moi ! — Ni l'un ni l'autre, madame ! — Des dents étant données, je ne suis que leur humble admirateur... à condition qu'elles égalent les vôtres toutefois. (*Il salue et découvre par conséquent son visage.*)

MADAME PERCENEIGE, avec surprise.

Oh ! — Qu'est-ce que je vois !

DE PRÉPATOUR, à part.

Je suis reconnu ! (*Il se précipite dehors par la porte de gauche.*)

SCÈNE HUITIÈME

MADAME PERCENEIGE, seule.

Mais, je ne me trompe pas ! — C'est monsieur de Prépatour ; oui, c'est ce jeune homme fort aimable, à côté de qui je dînais, hier, chez les Sautricot... Quelle rencontre ! et en quel endroit ! — Oh ! que je suis donc contrariée ! — Maudit parrain ! — Ce monsieur de Prépatour doit certainement croire que je suis venue ici pour une commande relative à l'ivoire de rhinocéros ! — Oh ! que je suis malheureuse !

SCÈNE NEUVIÈME

MADAME PERCENEIGE, DE PRÉPATOUR.

DE PRÉPATOUR, il rentre avec précaution par la porte de droite.

(*A part, avec surprise.*) Tiens ! me voilà revenu à mon point de départ ! — (*Haut.*) Madame... c'est encore moi. — Je ne suis pas ce qu'un vain peuple pense. — Je... (*A part.*) Il est de fait que je n'ai pas su retrouver la porte de sortie, j'ai fait le tour de l'appartement, sans m'en apercevoir... ma foi, au petit bonheur !

MADAME PERCENEIGE

Vous voilà de retour ! Est-ce que je vous avais fait peur, monsieur ?

DE PRÉPATOUR

A moi ! — Oh madame ! — Je n'ai peur de rien, d'ailleurs.

MADAME PERCENEIGE

Ainsi, vous n'êtes pas l'aide de monsieur Risotto ?

DE PRÉPATOUR

Non, madame... madame.. ?

MADAME PERCENEIGE

Perceneige.

DE PRÉPATOUR

Ma charmante voisine de table, hier soir, chez les Sautricot, si je ne me trompe ?

MADAME PERCENEIGE

Vous l'avez dit. — Mais il ne s'agit pas de cela. J'aurais bien voulu vous expliquer pourquoi je me trouve ici...

DE PRÉPATOUR

Et moi aussi, madame.

La voix de RISOTTO

Le 46! — Allons, le 46 ! — Non, madame; après monsieur ! — Ces pauvres messieurs, il faut bien qu'ils aient aussi leur tour ! —

DE PRÉPATOUR, à part.

Qu'entends-je!—On en est au 46. Plus que 6 numéros, et ma dent s'envole. — O rage ! — Et pas moyen de fuir décemment. — Je la hais, cette femme, qui va me forcer... Non ! non ! plutôt la mort que l'arrachage, c'est la devise des Français ! (*Il cherche le moyen de fuir sans bruit.*)

MADAME PERCENEIGE, à part.

Je devine la cause du silence et de la froideur de ce monsieur, qui était hier tout feu et tout miel. — Il me soupçonne évidemment d'avoir des relations suivies avec les osanores. — Au fait, de quoi ce monsieur, que je trouve également chez un dentiste, peut-il se targuer? — Nous sommes manche à manche, il me semble.—(*Haut.*) Monsieur ?

DE PRÉPATOUR

Madame ?

MADAME PERCENEIGE

Vous souffrez toujours beaucoup ?

DE PRÉPATOUR

Moi ? — Nullement ! — Mais qui a pu vous dire?..

MADAME PERCENEIGE

Mais vous-même; tout à l'heure, vous affirmiez avoir besoin du grand air?..

DE PRÉPATOUR

Ah ! oui; pour ma migraine, chère madame Perceneige, pour ma migraine ! — Mais cela ne vient pas du tout d'une dent malade. — Mon saint patron soit loué ! j'ai des quenottes solides !

MADAME PERCENEIGE

Migraine à part, les miennes valent les vôtres, monsieur, croyez-le bien ; et, si vous me voyez ici, c'est que j'ai eu l'espérance, en me réfugiant chez un dentiste, endroit où toute dame peut entrer sans se compromettre, d'échapper aux poursuites obstinées d'un cruel soupirant...

DE PRÉPATOUR

Oh ! le tour est bon ! — Et mon cas est absolument le vôtre, madame:

MADAME PERCENEIGE

Comment ! vous ?...

DE PRÉPATOUR

Oh ! ce n'est pas un soupirant audacieux, madame ! c'est un créancier sans délicatesse que j'ai fui jusque chez cet arracheur de molaires. — Aide-toi, le dentiste t'aidera, dit le proverbe.

MADAME PERCENEIGE

Alors, nous avons eu la même idée.

DE PRÉPATOUR, avec intention.

La même, exactement. — Mais j'y songe, votre position est infiniment plus critique que la mienne, madame. Parfois un créancier se lasse, un amoureux jamais. — Or celui, qui bondissait sur vos traces naguère, doit être resté, pétrifié, à la porte de cette maison, attendant votre sortie avec une fiévreuse impatience ? — Ou alors, c'est un homme de bien peu de goût.

MADAME PERCENEIGE

Je le crains, monsieur. (*A part.*) Voilà un jeune homme charmant.

DE PRÉPATOUR

Vous le craignez ? (*A part.*) O bonheur ! elle me fournit ma sortie ! une sortie sans déshonneur ! (*Haut.*) Madame, s'il en est ainsi, permettez-moi de vous offrir mon bras et ma protection. — Pour vous, je brave cent créanciers, s'il le faut ! — Acceptez mon bras, madame, et vous allez sortir de cette maison au nez de l'insolent !

La voix de RISOTTO

Le n° 50 ! — Allons, le n° 50!

DE PRÉPATOUR, à part.

Bigre !—Il n'est que temps! (*Haut.*) Madame, venez...

MADAME PERCENEIGE, vivement.

Et moi qui ai le 57! Vous pensez bien, monsieur, que je ne tiens nullement à raconter ma petite histoire à ce dentiste. Et puis, un dentiste, qu'on a trompé dans son espoir, devient peut-être très-méchant ?

DE PRÉPATOUR

On en a des exemples, madame. — Moi, je suis un homme. Je ne crains pas un dentiste. Mais une faible et ravissante femme pourrait très-bien avoir à subir... — Un homme qui ne peut pas placer un dentier à base de caoutchouc est capable de tout !

MADAME PERCENEIGE

Ah ! je suis très-effrayée !..

La voix de RISOTTO

(*Il imite un cri effroyable de patient anglais.*) Aho ! — Goddam ! one, two, three dents ! Oh ! très mal ! Oh ! very much ! — Pourquoi n'avez-vous pas voulu de notre cher *Insensibilisateur*. — Allons à qui le tour ? — au 51.

DE PRÉPATOUR, avec précipitation.

(*A part.*) Plus qu'un ! — (*Haut.*) Madame, je vous offre le bras. Et si cet insolent osait...

MADAME PERCENEIGE

Monsieur, je dois vous le dire : je ne puis accepter

votre bras qu'à une condition... une condition à laquelle, je l'avoue, votre offre généreuse me fait souscrire d'avance, en principe du moins...

DE PRÉPATOUR

Une condition ? et laquelle, madame ?

MADAME PERCENEIGE

Dois-je vous rappeler les paroles... réellement trop flatteuses... que vous m'adressiez hier à table chez les Sautricot ?..

DE PRÉPATOUR, feignant de chercher dans sa mémoire.

Les paroles... chez les Sautricot ?.. (*A part.*) Oui, j'ai eu la langue trop longue, hier, chez les Sautricot ; je lui ai demandé sa main après le champagne !..

MADAME PERCENEIGE

Eh bien, monsieur de Prépatour ?

DE PRÉPATOUR

Madame Perceneige... je... suis un honnête homme...

MADAME PERCENEIGE

L'insolent qui m'attend en bas est... mon parrain, un être jaloux et féroce ; mon propre parrain. — Il m'adore.

DE PRÉPATOUR

Il est dans son droit, et je ne puis que le féliciter...

MADAME PERCENEIGE

Moi, je le déteste ! — Je ne consentirai jamais à

devenir la femme d'un homme qui m'a tenue sur les fonts.

DE PRÉPATOUR

Cependant ?

MADAME PERCENEIGE

Bref, en me voyant sortir d'une maison tierce au bras d'un inconnu, et d'un inconnu qui n'aurait aucune qualité pour me l'offrir, mon parrain, fou de rage, distillerait à l'instant même un venin mortel, qu'il irait répandre dans le sein de ma famille. — Je serai déshonorée !

DE PRÉPATOUR

Non, madame, non ! — Vous ne serez pas déshonorée pour cela, et votre parrain n'aura pas à mettre sa distillerie en activité de service... Je vous offre mon bras ; il est vaillant et solide.

MADAME PERCENEIGE

Point de bras, s'il n'est celui d'un fiancé. — N'imploriez-vous pas ce titre hier ?

La voix de RISOTTO

Le 52 ! — Il y a très-longtemps que le n° 52 attend avec angoisse. Le 52 !

DE PREPATOUR, à part.

Le 52 ! mais c'est mon numéro ! — Il n'y a pas à hésiter. Si je reste, c'est une dent qu'on m'arrache. Si je sors, c'est une femme que je gagne. — Ma foi, tant pis ! — Entre deux maux... (*Haut.*) Madame, j'ai l'honneur de vous supplier d'accorder votre main à Gaston de Prépatour. (*Brusquement.*) Votre main, madame, et fuyons.

MADAME PERCENEIGE

Monsieur de Prépatour, voici la main de Léonida Perceneige, née Traînefenouille. (*Elle lui tend la main.*)

DE PRÉPATOUR, la lui baisant.

Née Traînefenouille ? (*A part.*) Alors, c'est la fille de l'habitué. Quel bonheur ! j'enverrai ma future belle-mère se faire extirper des dents, quand j'aurai mal aux miennes. — (*Haut.*) Léonida, je vous adore. Fuyons. — Voici le dentiste ! (*Ils sortent en courant.*)

SCÈNE DIXIÈME

RISOTTO, seul.

(*Il entre par la porte de droite, sans faux favoris, en habit noir, une pince à la main, et appelle :*) Le n° 52 ! — Personne ? — Partis ! tous les deux ? — Plombage et hippopotame, je suis volé ! ! !

Rideau.

LE COLLIER D'OR

Comédie en un acte, en vers

PAR M. ALBERT MILLAUD.

PERSONNAGES

SILVIO.
STELLA.
CORINE.
FIAMETTA.

La scène se passe à Venise.

LE COLLIER D'OR

Le théâtre représente une salle d'été dans le palais de Stella. Portes latérales. Au fond, grande terrasse vitrée, ouvrant sur le grand canal. Un divan à droite, une petite table à côté. Sur la table, des papiers et une tapisserie inachevée.

SCÈNE PREMIÈRE

STELLA, SILVIO.

(Silvio est étendu sur le divan et semble assoupi. Stella est auprès de lui et brode.)

STELLA, se penchant vers lui.

Silvio!.. Silvio...

SILVIO, s'éveillant.

Hein?

STELLA

Tu dors?

SILVIO

Pas du tout.

STELLA

Cette tapisserie est-elle de ton goût?..

(Elle attend, et voyant Silvio, qui s'est de nouveau assoupi :)

Silvio !.. Silvio !..

SILVIO, nonchalamment.

Plaît-il?

STELLA

Tu dors?

SILVIO

Pas même;

Je réfléchis...

STELLA

Dis-moi, m'aimes-tu bien?

SILVIO

Je t'aime.

STELLA

Parle-moi... Bouge donc... Voyons, rien ne t'émeut.

SILVIO

Quelle heure est-il?

STELLA

Midi.

SILVIO

Quel temps fait-il?

STELLA

Il pleut.

SILVIO

Il pleut?

STELLA

Il pleut...

SILVIO

Il pleut... Ah! la maudite pluie.
Et midi seulement?

STELLA, le regardant.

Silvio, je t'ennuie?..

SILVIO

Ah! pas du tout...

STELLA

Si fait, le temps te paraît long,
Nos chaînes jadis d'or, maintenant sont de plomb...
Tu devrais voyager à travers l'Italie :
Cela dissiperait cette mélancolie.

SILVIO

Voyager?

STELLA qui, pendant sa tirade, a remué les papiers sur la petite table, prenant une lettre.

Ou chasser...

SILVIO

Chasser, où ça?

STELLA

Voici
Une invitation du vieux marquis Strozzi;
Il t'invite à venir chasser sur ses domaines...
Si nous nous séparions... pendant quelques semaines?

SILVIO

Ma foi non...

STELLA

Non?.. dis-moi, Silvio, ce Strozzi
N'a-t-il pas une fille et qu'on dit belle?

SILVIO

Si.

STELLA

Elle est à marier?.. On attend ta visite,
Et c'est pour épouser la fille qu'on t'invite.

SILVIO

Es-tu folle?

STELLA

Non pas, et je vois clairement
Que tu n'as plus vers moi le même entraînement...
Tu rêves les douceurs que promet la famille.
Or, le marquis est riche, et fort belle est sa fille...
Tu veux te marier...

SILVIO

Me marier, Stella!
Per Baccho, je m'ennuie assez comme cela!

STELLA

Voilà le mot lâché, pour de bon : tu t'ennuies!

SILVIO

Je n'ai pas dit cela.

STELLA

Si fait.

SILVIO

Ce sont ces pluies...

La folle !

(Il l'embrasse.)

Quelle fleur as-tu dans les cheveux ?

Des œillets...

STELLA, riant.

Ce seront des roses, si tu veux.

SILVIO

Je me disais aussi, sans en chercher la cause,
Que voilà des œillets qui sentent bien la rose.

STELLA

Aimes-tu mieux l'œillet ?.. J'en aurai s'il te plaît.

SILVIO

Bah ! l'œillet ou la rose... une rose, un œillet,
Qu'importe ?

STELLA

Silvio, rien ne peut plus te plaire,
Tu n'aimes rien !

SILVIO

.Comment ? j'aime tout, au contraire.

STELLA

C'est ce que je veux dire... et tu ne m'aimes plus.

SILVIO

Je ne t'aime plus !..

STELLA

Pas de serments superflus.

Non, tu ne m'aimes plus. Si peu qu'il t'en souvienne,
Autrefois, Silvio, ta main cherchait la mienne;
Une ombre sur mon front te rendait soucieux,
Et mon moindre sourire illuminait tes yeux;
Tu vivais à mes pieds, et, selon mon envie,
D'un regard je t'ôtais ou te donnais la vie.
Alors, comme aujourd'hui, nous nous taisions parfois;
Mais, du moins, quand cessait le bruit de notre voix,
C'est que, perdus tous deux dans la même pensée,
Les mots ne sortaient pas de notre âme oppressée,
Et que sans nul effort tu savais remplacer
L'aveu par un regard, les mots par un baiser.

SILVIO

Voyons, Stella, raisonne... Est-il dans tout Venise
Une femme aussi belle, aussi douce et qu'on prise
Plus que toi?.. Quelle femme a ton esprit charmant,
Plus de fidélité dans un cœur plus aimant?
Et qui pourrais-je aimer après t'avoir aimée?

STELLA

Hélas! une autre amour est bien vite formée
Dans votre cœur, miroir banal qui voit passer
Cent objets différents, sans jamais rien fixer.
Qui tu pourrais aimer?.. Une autre, laide ou belle,
Jeune ou vieille, pourvu qu'elle te soit nouvelle;
Et qui, sans me valoir, aura du moins pour soi
L'avantage d'être elle et de n'être pas moi...

SILVIO

Mais qui, folle? qui?

STELLA

Qui? par exemple Corine.

SILVIO

Corine ! y penses-tu ?

STELLA

Tu rougis... je devine.

SILVIO

Certe elle est la plus belle après toi, je le doi
Dire ; mais après toi, Stella, bien après toi...

STELLA, *sèchement.*

C'est assez...

(*On entend chanter au dehors.*)

SILVIO

Qu'est cela ?

STELLA, *à la fenêtre.*

Fiametta, la marchande
De fleurs.

SILVIO

Ah ! Fiametta !

STELLA

Veux-tu qu'on lui demande
De monter près de nous... Elle nous donnera
Ses fleurs et des chansons... Cela te distraira.

SILVIO

Soit.

STELLA, *appelant.*

Fiametta... Voici qu'elle vient... Pauvre fille !

SCÈNE DEUXIÈME

LES MÊMES, FIAMETTA.

FIAMETTA, entrant avec des fleurs.

Bonjour seigneur, bonjour madame.

STELLA

Elle est gentille.

FIAMETTA

Voulez-vous de mes fleurs, madame... voyez-les.

SILVIO

Ah! des œillets... cela fera beaucoup d'œillets.

STELLA

Que chantais-tu, là-bas, d'une voix si touchante?

FIAMETTA

Oh! c'est une chanson de batelier, que chante Beppino.

SILVIO

Ton amant?

FIAMETTA

Mon amoureux, seigneur...
Mon promis.

SILVIO

C'est alors en tout bien tout honneur.

STELLA

Quel âge as-tu ?

FIAMETTA

Seize ans.

SILVIO

Diable et c'est à cet âge,
Petite, que tu veux tenter le mariage ?

FIAMETTA

Pourquoi pas ?.. Beppino m'aime, je l'aime bien,
Nous sommes sans famille, il n'a rien, je n'ai rien,
Et jamais à nous deux nous n'aurons davantage.

SILVIO

Ah ! c'est plus qu'il n'en faut pour entrer en ménage.

FIAMETTA

Tandis qu'il conduira sa barque, je vendrai
Mes bouquets à Saint-Marc.

SILVIO

Vous êtes dans le vrai,
Mariez-vous, enfants, et vous ferez fortune ;
Toi, sur la terre ferme et lui, sur la lagune ;
Et, ne vous rencontrant qu'en de rares instants,
Vous pourrez, en retour, vous aimer plus longtemps.

STELLA

Maintenant, chante-nous cette chanson nouvelle.

SILVIO

L'auteur, c'est Beppino... Le titre ?..

FIAMETTA

L'Infidèle.

(Fiametta chante.)

STANCES

Est-ce Ninette, est-ce Ninon ?
Est-ce Ninon, est-ce Ninette ?
Mon cœur dit oui, mon cœur dit non.

D'une blanche écharpe en linon
Et d'une croix j'ai fait l'emplette.
Est-ce pour Ninette ou Ninon ?

Ninette a le pied plus mignon,
Ninon a la main plus coquette.
Mon cœur dit oui, mon cœur dit non.

Qui des deux portera mon nom ?
Laquelle fera ma conquête ?
Est-ce Ninette, est-ce Ninon ?

Quand Ninon défait son chignon,
Quand Ninette ôte sa cornette,
Mon cœur dit oui, mon cœur dit non.

Ce double amour est un guignon,
Et mon pauvre cœur perd la tête,
Est-ce Ninette, est-ce Ninon ?
Mon cœur dit oui, mon cœur dit non.

SILVIO, après la chanson, d'un ton de mauvaise humeur.

Assez, je n'aime pas la musique. Stella,
Donnez-lui dix sequins et congédiez-la.

STELLA, à Fiametta.

Viens, mon enfant.

FIAMETTA, baisant la main de Silvio.

Seigneur.

STELLA, bas à Silvio, en s'en allant.

Sa chanson vous chagrine,
Décidément, mon cher Silvio... c'est Corine.

SILVIO

Corine !..

(Elles sortent par la gauche).

SCÈNE TROISIÈME

SILVIO, seul, appelant.

Stella, Stella... voyons, chère Stella...
Mais c'est extravagant, ce que vous dites là,
C'est fou... c'est insensé !..

(Il s'arrête.)

Stella qui s'imagine
Que Corine...

(Riant.)

Corine.

(Plus sérieux).

Oui, Corine...

(Très-sérieux.)

Corine !..
Corine ne vaut pas Stella... non... cependant,
La Corine a pour elle une grâce, un mordant...
Mais elle est loin d'avoir la distinction fine,
La douceur de Stella... ses yeux... cette Corine.

Puis c'est une coquette, aimant à provoquer.
De l'esprit, elle en a, mais pour tout critiquer.
Oh ! je ne l'aime pas... A peine si j'y pense...
Le cœur le plus épris peut avoir une absence.

SCÈNE QUATRIÈME

SILVIO, CORINE.

SILVIO, voyant entrer Corine par le fond.

Vous, madame !

CORINE

Tout seul... Je venais voir Stella,
Et je ne pensais pas vous trouver... Elle est là ?

SILVIO, vite.

Non, elle est au jardin. Elle vient de s'y rendre.

CORINE

J'y vais.

SILVIO

Corine... ici, ne pouvez-vous l'attendre ?

CORINE

Seule avec vous, en tête-à-tête ? Hum !

SILVIO

Un instant...

CORINE

Si ce n'est périlleux, c'est bien compromettant.

SILVIO

Vous vous moquez!

CORINE

Non pas... j'ai peur d'être surprise
Avec le plus brillant seigneur de tout Venise,
Auprès de Silvio, le plus fidèle amant
De la beauté la plus parfaite du moment.

SILVIO

Beauté qui devient pâle à côté de la vôtre
Et qu'hélas! je compare avec celle d'une autre;
Fidélité qu'un mot de vous peut dénouer.

CORINE

Ce n'est pas bien, seigneur, de me vouloir jouer.

SILVIO

C'est vous qui me jouez.

CORINE

Quoi, vraiment, ce langage
En ce lieu... chez Stella... vous êtes fou, je gage.

SILVIO

Laissez-moi vous parler, écoutez jusqu'au bout...
Je sais ce que je dis et je ne suis pas fou...
Oui Stella, ma maîtresse, est charmante, madame;
C'est une ravissante, une adorable femme.
Mais vous aussi, Corine!.. et je voudrais pouvoir
Vous trouver laide et sotte et ne plus vous revoir.
Vous m'avez endiablé... ho! ce n'est pas un crime!
J'admire Stella, certe, et surtout je l'estime,

Et je l'aime, oui je l'aime... et je ne l'aime pas :
Comprenez bien ceci, tandis que vous, hélas !
Je ne vous aime pas, et pourtant je vous aime !
J'espère que c'est clair !

CORINE

Ma foi, comme un problème.
Vous me dites en face, et très-brutalement,
Que vous me voudriez laide et sans agrément.

SILVIO, avec feu.

Aimez-vous mieux, alors, que je vous trouve belle ?
Qu'en compliments pour vous mon amour se révèle ?
Mais chacun, à Venise, a, dans toute saison,
Passé sa vie à vous chanter cette chanson.

CORINE

La chanson est aimable et j'adore l'entendre...

SILVIO

Que vous dire de plus pour se faire comprendre ?
Faut-il vous prodiguer de l'or et des bijoux ?..
Vous me rirez au nez... tout Golconde est chez vous.

CORINE

Eh bien ! vous vous trompez, Silvio ; je dispose
De bien des bijoux... mais...

SILVIO

Mais ?.. est-il quelque chose
Dont vous ayez envie ?..

CORINE

Oui.

SILVIO

Parlez.

CORINE

Un collier.

SILVIO

Je cours chez Sismondi, le fameux joaillier.

CORINE

Pas si vite, bon Dieu ! Laissez donc qu'on vous dise :
Je veux un collier d'or.

SILVIO

Les marchands de Venise
En ont mille à choisir d'un merveilleux travail,
Et Raphaël Palmi, qui fabrique l'émail,
Va m'en montrer cent.

CORINE

Non, Palmi, dans sa boutique,
N'a pas le collier d'or qu'il faut.

SILVIO

Est-il unique ?

CORINE

Unique... Le collier que je souhaite avoir
Est une chaîne d'or, à jour, dont le fermoir
Porte sur un saphir deux S en monogramme.

SILVIO

Le collier de Stella !.. vous plaisantez, madame ?

CORINE

Le collier de Stella.

SILVIO

Depuis un mois, partout,
Tout le monde a pu voir ce collier à son cou...

CORINE

Eh bien, moi, je prétends que, demain, tout le monde
Puisse le voir au mien.

SILVIO

Injure sans seconde
Pour la pauvre Stella !

CORINE

Telle est ma volonté.

SILVIO

Un présent de moi, mais c'est de la cruauté !
Ah ! ne me faites pas, Corine, cette injure,
Vous aurez le pareil dans trois jours, je vous jure.

CORINE

Le pareil ! dans trois jours ? mais dans trois jours, mon cher,
Je ne songerai plus à ce caprice en l'air.

SILVIO

Encor !

CORINE

C'est ce collier que je veux, et point d'autre.

SILVIO

Oh ! je ne comprends plus quel espoir est le vôtre.

CORINE

Écoutez, je vous donne une heure à réfléchir.

SILVIO, avec emportement.

Une heure, c'est trop, puisqu'on ne peut vous fléchir,
Pas même une minute!.. Ah ! je connais ta haine !
Tu n'es pas seulement vaniteuse et hautaine,
Je ne te savais pas dûre et méchante encor.

CORINE

Moi méchante?.. Tu dis que tu tiens un trésor,
Et ton cœur, cependant, par un caprice incline
Vers Corine; sois donc logique au moins. Corine
Possède des colliers en brillants, — mais elle a
Un caprice, à son tour... le collier de Stella.
Tu peux déroger, soit... Corine aussi déroge...
A bientôt...

SILVIO

A jamais !

CORINE

Cela fait votre éloge !

(Corine sort en riant.)

SCÈNE CINQUIÈME

SILVIO, puis STELLA.

SILVIO, seul.

Tigresse... Te donner le collier de Stella.
Le collier de Stella!.. Mais pourquoi celui-là,
Et pas un autre? Non. Elle a trouvé des charmes
A blesser sa rivale, à provoquer ses larmes,
A déchirer son cœur. Quel instinct singulier!..
Encor s'il s'agissait seulement du collier.

Mais elle n'y prétend que pour la joie insigne
D'étaler son triomphe... et c'est ce qui m'indigne.
(Il frappe du poing sur la table avec colère.)

STELLA, entrant.

Qu'as-tu ?

SILVIO

Moi, rien !

STELLA

Quelqu'un t'a-t-il irrité ?

SILVIO

Point.

STELLA

Je t'ai vu, tu frappais la table de ton poing.

SILVIO

Oh ! par distraction...
(A lui-même.)
Vrai Dieu ! quelle impudence !

STELLA

A qui donc en as-tu ?

SILVIO

Je romprai le silence.
J'aime mieux t'avouer tout, pour mon châtiment.
Corine sort d'ici.

STELLA

Corine ?

SILVIO

En ce moment...

Tu l'avais deviné... parlons sans artifice...
J'avais pour elle... pas d'amour... non... un caprice,
Un penchant. En riant, j'ai... Bref, elle a compris...
Tu sais, on rit, on cause... et devine à quel prix
Elle a mis sa conquête?

STELLA

Eh bien!..

SILVIO

C'est trop d'audace!
Au prix de ton collier! Vraiment cela me passe.

STELLA, portant la main à son collier.

Mon collier? Que veut-elle en faire?..

SILVIO

Oh! rien de bien:
Que l'on voie à son cou les dépouilles du tien;
Mais...

STELLA

Tu l'as repoussée?..

SILVIO

Avec rage et colère...
Avec...

STELLA

Avec regret, enfant!

SILVIO

Stella, ma chère.

STELLA, détachant son collier.

Avec regret, te dis-je... Ah! mon pauvre amoureux,

Il te faut ce collier pour que tu sois heureux.
Apprends à me connaître, et telle est ma tendresse
Pour toi, que ton bonheur fait toute mon ivresse.
Ce collier, le voici... Va, n'hésite plus... Prends,
Tu ne me l'ôtes pas... C'est moi qui te le rends.

SILVIO

Quoi?

STELLA

Prends-le, Silvio, ce bijou qu'elle prise.
Donne-le lui sans honte et qu'alors elle dise,
Elle qui ne connaît que trop l'art de charmer,
Laquelle de nous deux savait le mieux aimer.

SILVIO

Eh bien! oui! je le prends; mais pour qu'il me rappelle
Sans cesse mon bonheur, que ce mot renouvelle.

STELLA

Silvio! Silvio! sans regrets superflus,
Le bonheur ne peut être où notre cœur n'est plus :
Ton cœur n'est plus ici.

SILVIO

Va, le remords m'accable
Et ton pardon punit assez mon cœur coupable.

STELLA

Le remords, ce n'est pas de l'amour, va, tais-toi.

SILVIO, lui embrassant les mains.

Je te jure...

STELLA

Tais-toi, Silvio, connais-moi.

Oui, pour ton inconstance il te faut du courage;
J'en ai bien, moi, malgré ta pitié qui m'outrage;
Regardons-nous en face et cesse d'imposer
A mes deux mains la feinte ardeur de ton baiser.
Prends ce collier. Stella, dont l'âme est généreuse,
Au prix de tes regrets ne saurait être heureuse.

SILVIO

Dis plutôt...

STELLA, lui mettant le collier dans les mains.

Tu voudrais rester fidèle amant,
Sans m'aimer... Je saurai, moi, te fuir en t'aimant.
Va, sois heureux.

(Elle sort.)

SCÈNE SIXIÈME

SILVIO, puis CORINE.

SILVIO

Heureux sans toi! Que je t'oublie?..
Lui préférer Corine? Allons... c'était folie...
Stella!..

CORINE, entrant.

L'heure est passée.

SILVIO

Ah! c'est vous?

CORINE

Me voilà!
Que vois-je?.. entre vos mains... le collier de Stella.

Silvio, vous m'aimez à ce point... Oh!

SILVIO

Madame !..

CORINE

Et je doutais de vous. Pardonnez, je suis femme;
Stella, votre maîtresse, est si belle... vraiment!
Comment avez-vous pu la décider ?.. Comment ?

SILVIO

Ah! je n'en avais pas seulement la pensée;
Non, j'ai dit à Stella, d'une voix courroucée,
Ce que vous m'aviez dit tout à l'heure ; — et Stella
A défait son collier en disant : le voilà,
Sois heureux!

CORINE.

Elle a fait cela ?

SILVIO

Oui, sans faiblesse.

CORINE

Mais c'était à tomber à ses pieds, de tendresse.

SILVIO

J'y suis tombé... d'abord; je n'ai vu que Stella
Se dévouant...

(Se rapprochant.)

Mais... mais, lorsque je vous vois là...
Et lorsque je me dis : je suis libre... Corine,
Tout obstacle est détruit entre nous, j'imagine.

CORINE

Non. Stella m'a dicté mon devoir! La voici!

SILVIO

Corine... par pitié!..

CORINE

Stella !

SCÈNE SEPTIÈME

LES MÊMES, STELLA.

STELLA

Quoi! vous ici ?

CORINE, allant à Stella.

Stella, je fus coupable envers vous, mais j'ai honte
D'un triomphe banal qui tourne à mon mécompte.

STELLA

Vous me flattez, Corine, et si j'ai fui les coups,
C'est qu'il n'est pas aisé de lutter avec vous.
Il fallait, dans la lutte entre nous suspendue,
Ou mourir ou se rendre, et je me suis rendue.

CORINE

Ah! vous seule, Stella, vous savez l'art d'aimer.
(A Silvio.)
Seule, elle est, Silvio, digne de vous charmer.

STELLA

Du cœur de Silvio celle-là seule est digne,
Corine, que l'amour de Silvio désigne.

CORINE

Je sais ce que je vaux et, sans regret jaloux,
Je n'oserai jamais me comparer à vous :
Je suis légère et folle, hélas, je me condamne,
Et l'on ne peut en moi qu'aimer la courtisane,
La femme à l'esprit vain, au cœur vaste et léger,
Capable d'inspirer un amour passager;
Le jouet que l'enfant brise d'un poing avide
Pour voir ce qu'il contient et qui trouve le vide...
Tandis que vous, Stella, vous êtes à coup sûr
Digne par vos vertus de l'amour le plus pur.

SILVIO

Qu'elle est délicieuse et qu'elle est adorable!

STELLA

La vertu d'une femme est d'être désirable,
Et vous l'êtes, Corine, — osez donc le nier;
Tous les Vénitiens, du premier au dernier,
Autour de votre char vous font une auréole ;
Ils dressent des autels dont ils vous font l'idole.
Ne désavouez pas tant de cœurs enflammés,
Ce n'est pas votre faute, hélas! si vous charmez,
Et je comprends si bien en vous rendant les armes
Que l'on ne puisse pas résister à vos charmes,
Que, malgré mon amour, devant votre beauté,
J'excuse Silvio de n'avoir pas lutté!

SILVIO

Elle est charmante aussi. Si bonne et si jolie!

STELLA

Silvio, sois heureux!

SILVIO

Stella...

STELLA

Je t'en supplie.

CORINE

Enfant, oubliez-moi.

SILVIO

Corine...

CORINE

Gardez-la.

(A Stella.)

Soyez à lui.

SILVIO

Corine...

STELLA

Aimez-le bien.

SILVIO

Stella...

CORINE

Il n'éprouve pour moi qu'un vulgaire caprice.

STELLA

Je puis, pour son bonheur, faire ce sacrifice.

CORINE

Moi je serai, demain, une charge pour lui.

STELLA

Hélas! moi, ce fardeau, je le suis aujourd'hui.

CORINE

Ah! ce débat, pourtant, il faut qu'on le termine :
Reprenez ce collier, Stella.

STELLA

Gardez, Corine.

CORINE

Ou plutôt nous allons le rendre à Silvio.

SILVIO

A moi ?..

CORINE

Mettez un terme à cet imbroglio.
C'est à lui de choisir, en somme ; qu'il choisisse :
Ou Corine, ou Stella... l'amour ou le caprice.

SILVIO, *qui a pris le collier malgré lui.*

Ah! permettez!..

CORINE

A qui le collier ?

SILVIO

Le collier ?..

STELLA

Au fait, c'est le moyen de tout concilier...
Pour moi, de point en point, j'approuve ce langage...
De votre étrange amour ce collier est le gage.
Nous acceptons d'avance un débat hasardeux...
Donc, offrez ce collier à celle de nous deux

Que votre cœur, tout bas, en juge la plus digne.

SILVIO

Hein! Comment?.. vous voulez qu'entre vous je désigne?

CORINE

A qui la chaîne?

STELLA

A qui la chaîne?

SILVIO

C'est très-mal!..
Mais c'est à se jeter au fond du grand canal!

CORINE

Silvio!..

STELLA

Silvio!..

SILVIO

Belles comme vous l'êtes
Toutes deux! songez donc au sort que vous me faites;
J'ai cent mille raisons pour vous aimer, parbleu!
Je demande huit jours pour réfléchir un peu!

CORINE

Huit jours!

STELLA

Il faut sortir de l'impasse où nous sommes.

CORINE

C'est se moquer de nous, monsieur.

SILVIO

Prenez les hommes
Pour ce qu'ils sont.

CORINE

Alors, oh !.. ne les prenons pas.

SILVIO

Puisque vous le voulez...

CORINE

Nous le voulons.

SILVIO

Hélas !
(Allant de l'une à l'autre.)
On n'est pas plus jolie... et l'on n'est pas plus belle,
Je vous adore...

CORINE

A qui le collier d'or ?

SILVIO

Cruelle !

STELLA

A qui le collier d'or ?

CORINE

A qui le collier d'or ?

SILVIO, tenant le collier.

Je ne veux pas choisir... je ne puis pas !

CORINE, impatientée.

Encor ?

SILVIO tire le collier avec dépit, le bijou se casse en deux, et Silvio en tient la moitié de chaque main.

Ah !

STELLA

C'est mal, Silvio.

(Silvio se met à rire.)

CORINE

Qu'a cela de risible ?

SILVIO

Tiens, au fait, ce serait... Non, ce n'est pas possible.

CORINE

Qu'avez-vous donc ? parlez...

SILVIO

C'est une idée... oh ! rien...

STELLA

Parlez toujours...

CORINE

Voyons.

SILVIO

Vous le voulez, eh bien,
Ce collier d'or rompu m'a remis en mémoire
Une histoire des temps primitifs...

CORINE

Une histoire ?

SILVIO

Je n'oserai jamais...

CORINE

Vous êtes entêté,
Et vous piquez très-fort ma curiosité...

SILVIO

Le jeune et beau Proclès eut un jour, dans Athène,
Une position analogue à la mienne.
Il adorait Bacchis, sa maîtresse, et n'aurait
Jamais pu la quitter sans un mortel regret ;
Mais, tout en adorant Bacchis, cœur versatile,
Il désirait tout bas certaine Pasiphile :
L'une le séduisait; l'autre, il la chérissait,
Et, l'amour s'en mêlant, mon Proclès maigrissait.
Bacchis fit comme vous, Stella : clémente et belle,
Bacchis, un beau matin, à Proclès, l'infidèle,
Rendit sa liberté. Pasiphile, à son tour,
Repoussa — comme vous, Corine — cet amour...
Mais Proclès maigrissant de rechef, Pasiphile
— Diable, ici mon récit devient bien difficile —
A Bacchis proposa de... de se partager
L'amour qui de Proclès scindait le cœur léger.

STELLA

Et...

SILVIO

Bacchis accepta...

CORINE

La fin?

SILVIO

Vous êtes prompte.
Tous trois furent heureux, à ce que dit le conte.

STELLA

Ah! la plaisanterie est du plus mauvais goût.

SILVIO

J'étais sûr que vous vous fâcheriez.

CORINE

Pas du tout.

STELLA

Nous ne nous fâchons pas...

CORINE

C'est qu'on n'a pas idée...
D'une pareille idée... elle est trop hasardée.

SILVIO

L'idée, en théorie, a du bon... mais, voilà :
Corine, en m'adressant à vous, à vous, Stella,
J'oubliais, bien à tort, que vous êtes des femmes.

CORINE

Qu'entendez-vous par là? des femmes!

SILVIO

Ah! mesdames,
J'entends que j'ai compté dans mon esprit bénin
Sans l'amour-propre inné dans le cœur féminin
Et sans l'instinct jaloux de ce sexe irascible ;
Enfin, n'en parlons plus... la chose est impossible.

CORINE

Impossible? Je parle avec sincérité :
Je suis sans amour-propre.

STELLA

Et moi sans vanité.

SILVIO

Oh ! vous dites cela ; mais, à la moindre épreuve,
De l'orgueil féminin vous donneriez la preuve.

CORINE

C'est trop fort ! et je veux, pour vous humilier,
Si madame y consent... ma moitié du collier.

STELLA, *qui a pris la moitié du collier.*

Et moi, la mienne.

SILVIO

Hé quoi ?..

CORINE

Sans fierté féminine.

SILVIO

Vous acceptez ?

CORINE, *tenant sa part du collier.*

Voyez.

SILVIO

Quoi, charmante Corine,
Je pourrai vous aimer, sans oublier Stella ?
Celle-ci souffrira que j'aime celle-là ?

CORINE

Sans doute.

SILVIO, *à Stella.*

Ainsi, j'aurai cet avenir encore
Sans perdre à tout jamais ce passé que j'adore ?

STELLA

Pourquoi non ?..

SILVIO, revenant à Corine.

Ah ! c'est trop de bonheur à la fois !
Vous aimer toutes deux, et sans l'ennui du choix.
Corine ?

CORINE

Oui.

SILVIO

Stella ?

STELLA

Oui.

SILVIO, à Corine.

Combien Corine est belle !
Les beaux cheveux dorés, les doux yeux de gazelle !
Oh ! les blondes... mon Dieu... les blon... ! mais qu'avez-vous
Stella ? Stella ? déjà votre cœur est jaloux ?

STELLA

Non ; et je m'éloignais de peur d'être indiscrète.

SILVIO, à Stella.

Stella, si j'admirais Corine si coquette,
Croyez-vous qu'il me soit aisé de ne pas voir
Le fier éclair qui luit sous votre sourcil noir ?
Ces cheveux bruns tombant en tresses importunes
Sur ce cou d'un blanc mat ?.. Oh ! les brunes... les brunes.

(A Corine, qui s'est écartée avec dépit.)

Corine, qu'est-ce donc ?

CORINE

Si j'avais su plus tôt
Que les brunes pour vous étaient le dernier mot...

SILVIO

Les blondes...

STELLA

Silvio !..

SILVIO

Les brunes !..

CORINE

Je vous gêne...

SILVIO

Vous voyez bien... j'avais raison !

CORINE

Soyez sans peine !
Du moment qu'il préfère à tout les cheveux bruns...

STELLA

Puisque les cheveux bruns lui semblent importuns...

CORINE

Je déclare bien haut les brunes sans secondes.

STELLA

Je ne veux pas tenter la lutte avec les blondes.

CORINE

Prenez donc, Silvio...

SILVIO

Corine...

STELLA

A vous.

SILVIO

Stella.

CORINE

Aimez-le.

STELLA

Gardez donc!

CORINE

Le voici!

STELLA

Le voilà!

Je n'en veux plus.

SILVIO

Stella!..

CORINE

Ni moi non plus!

SILVIO

Corine!..

Mesdames, épargnez mon amour en ruine,
Et tâchez, en cessant ces débats superflus,
De m'aimer un peu moins pour m'aimer un peu plus.

CORINE

Optez donc.

SILVIO

Je ne puis.

CORINE

Alors, adieu.

SILVIO

Corine!

STELLA

Adieu.

SILVIO

Stella!

TOUTES DEUX

Bonsoir!

(Elles sortent en riant.)

SCÈNE HUITIÈME

SILVIO seul, puis FIAMETTA.

SILVIO, seul.

Monstres! race féline!..
César au Rubicon, l'âne de Buridan,
Étaient moins tenaillés que moi... c'est évident!
Elles m'ont laissé seul... C'est à se faire moine!
Hélas! mourir de faim entre deux champs d'avoine,
C'est absurde! Et le cœur dont le ciel me dota...

FIAMETTA, entrant.

Seigneur...

SILVIO, sans la voir, absorbé.

Oui... non...

FIAMETTA

Seigneur Silvio ?

SILVIO

Fiametta...

Entre...

(A lui-même.)

Je suis le plus infortuné des êtres !

Que veux-tu, Fiametta ?

FIAMETTA

Seigneur, ce sont deux lettres.

(Elle lui remet deux billets.)

Celle-ci, de donna Corine ; celle-là,

De donna Stella.

SILVIO

Donne.

(Ouvrant les deux billets qu'il tient de chaque main.)

« A Silvio, Stella.

« Corine, à Silvio... Je me rends à Florence.

« Adieu, je pars pour Rome... » Allons, plus d'espérance.

FIAMETTA

Ce n'est pas tout, seigneur Silvio.

SILVIO

Qu'est-ce encor ?

Voyons.

FIAMETTA, lui remettant les morceaux du collier.

Ces deux morceaux de ce beau collier d'or...

(Elle les regarde.)

C'est dommage...

SILVIO, la regardant.

Tu dis ?

(A part.)

Tiens! mais c'est une idée!

(A Fiametta.)

Parbleu... je ne t'avais pas encor regardée,
Fiametta... tu rougis?.. comme tes yeux sont doux!
Et quels beaux cheveux roux! oh! les beaux cheveux roux!
Cela n'est pas commun; et tes tresses sont douces
Comme un manteau de soie... oh! les rousses! les rousses!

FIAMETTA

Mais, seigneur...

SILVIO

Ce collier te plaît, dis-moi?

FIAMETTA

Beaucoup.

SILVIO

Je le ferai souder, pour en orner ton cou,
Ton cou si blanc.

(Il l'embrasse.)

FIAMETTA

Seigneur...

SILVIO

Voyons, dis, ma petite,
Veux-tu que je t'emmène... à Naples... réponds vite?

FIAMETTA

Pour quoi faire?

SILVIO

Naïve!.. elle a tout pour charmer...
Pour quoi faire, dis-tu?.. pour t'aimer... pour m'aimer;
Naples est le plus fin joyau de l'Italie...
Je suis sûr que je vais t'aimer à la folie.

FIAMETTA

Pardon, mais Beppino?

SILVIO

Tu dis?

FIAMETTA

Mon fiancé?

SILVIO

Il se consolera, quand tu l'auras laissé.

FIAMETTA

Mais je l'aime, seigneur.

SILVIO

Qu'importe?

FIAMETTA

Mais il m'aime..
Il me tuerait!

SILVIO

Tudieu! sa tendresse est extrême!
Mais puisque je t'emmène à Florence... viens donc!

FIAMETTA

A Florence?..

SILVIO

Je veux dire à Rome, pardon !

FIAMETTA

Comment à Rome ?

SILVIO

Non, à Naples !

FIAMETTA

C'est un leurre.

Mais Beppino m'attend, bonsoir.

(Elle sort.)

SILVIO

A la bonne heure !

(On entend la voix de Fiametta qui chante :)

Mon cœur dit oui, mon cœur dit non,
Est-ce Ninette, est-ce Ninon ?

(En ce moment passent, dans une gondole, Stella et Corine.)

STELLA

Adieu, Silvio.

SILVIO

Hein !

CORINE

Adieu, Silvio !

SILVIO, seul; il les regarde un instant, fait un pas pour les arrêter; puis, revenant à la table, prend un papier, le parcourt, et dit :

Si
J'allais, tout bonnement, chez le marquis Strozzi ?
Quant au collier rompu, ma foi, dans la corbeille,
Soudé solidement, il va faire merveille.

Rideau.

MARIE DUVAL

Comédie en un acte

PAR M. ADRIEN DECOURCELLE.

PERSONNAGES

MARIE DUVAL, homme de lettres, de trente-huit à quarante ans.

LOUISE sa fille, seize ans.

GUSTAVE GODOT, premier comique jeune.

BOCK, domestique de Duval.

MARIE DUVAL

Un salon-cabinet. Bibliothèque. Bureau. Porte d'entrée au fond : portes latérales, à droite et à gauche. Chaises, fauteuils, divan.

SCÈNE PREMIÈRE

BOCK, il entre en tenant à la main une lettre et un journal qu'il ouvre ; lisant :

« Monsieur le comte de Présalé est parti, ce matin, « pour sa terre d'Auvergne, où il compte passer trois « semaines. » — Un mois si y veut ! (*Il tourne la page.*) Ah ! c'est la fin du feuilleton de Monsieur. Le dénoûment! Ah ! ! ! (*Il met la lettre dans la poche de son gilet et va pour s'asseoir dans le fauteuil à gauche.*) J'ai mon mouchoir ? Oui. (*Il s'assied et lit des yeux avec une satisfaction marquée.*) Mais où va-t-il chercher tout ça, mon Dieu ? (*Il continue sa lecture et pousse un soupir.*) Pauvre père ! (*Il tire son mouchoir.*) Pauvre mère ! (*Il se mouche.*) Pauvre fille !.. (*Il essuie un pleur et continue avec une émotion croissante.*) Ah ! ah ! ah ! (*Il finit par fondre en larmes.*) Je vous demande un peu s'il y a du bon sens de mettre les gens dans de pareils états ! (*Il s'éponge les yeux. — Changeant de ton.*) Et dire que je m'y laisse toujours pincer !.. (*On sonne à gauche ; il tourne la tête de ce côté, et reprend sa lecture.*) Je suis occupé. (*Lisant.*) « Mais si la haine veillait d'un côté, « le dévouement... » Ah! v' là le sauveur!.. ce n'est pas malheureux!.. (*On sonne de nouveau. Il se lève.*) Non... ce qu'il a à me dire ne peut pas être aussi intéressant que ça. (*Il se rassied et reprend sa lecture. Duval entre de gauche : redingote noire boutonnée et serrée à la taille. Cheveux longs et roulés.*)

SCÈNE DEUXIÈME

DUVAL, BOCK.

DUVAL allant à la porte du fond, sans le voir, et l'appelant.

Bock!

BOCK, dans le fauteuil.

Monsieur!

DUVAL

Comment? tu étais là?

BOCK, d'une voix altérée et se tamponnant les yeux avec son mouchoir.

Oui, monsieur.

DUVAL

Tu n'as donc pas entendu que...

BOCK

Si, monsieur; mais je lisais votre feuilleton, et vous savez, quand je suis dans un feuilleton de vous, n'faut plus compter sur moi.

DUVAL

Je comprends ça, mon ami, je comprends ça... et je ne te gronde pas... non... mais il faudrait pourtant tâcher que ton service...

BOCK

Mon service ? comment voulez-vous que je le fasse quand j'ai les yeux comme des pommes cuites ?..

DUVAL, à part.

C'est positif !.. il a les yeux... (*Haut.*) Comment, mon garçon, cette lecture t'a ému au point de t'arracher des larmes, à toi, un homme ? .

BOCK

Faites donc l'innocent ! vous savez bien que vous feriez pleurer... des héritiers !..

DUVAL

C'est peut-être beaucoup dire, mais je dois reconnaître que, pour faire pleurer...

BOCK

Et pour faire rire, donc ? quand vous voulez ?

DUVAL

J'avoue aussi que pour faire rire...

BOCK

Enfin, vous faites tout ce que vous voulez de votre plume, quoi !..

DUVAL

Tu vas peut-être un peu loin ?

BOCK

Oui ; c'est peut-être un peu raide ce que je vous dis là ; mais vous savez, moi, je ne sais pas *trangiser* avec la vérité.

DUVAL

Allons, c'est bien, c'est bien ; je ne t'en veux pas. Mais voyons, j'ai des commissions...

BOCK

Je vous préviens que, si c'est pour aller bien loin, il ne faut pas compter sur moi.

DUVAL

Comment, maraud ?

BOCK

Votre dénoûment m'a cassé les jambes.

DUVAL

Ah ! je comprends ! — Mais il ne s'agit que de ces épreuves, à porter chez l'imprimeur, à deux pas d'ici.

BOCK, les prenant.

Dites donc, monsieur, est-ce qu'on pleure encore dans ce machin-là ?

DUVAL

Je dois t'avouer que c'est plutôt triste.

BOCK

Alors, je vais me mettre en mesure avec la blanchisseuse : je n'ai plus un mouchoir de sec.

DUVAL

Va, mon garçon, va... (*Il se dirige vers son bureau.*)

BOCK

Je vais monsieur, je vais !.. (*Il sort par le fond.*)

SCÈNE TROISIÈME

DUVAL, LOUISE.

LOUISE, entr'ouvrant la porte de droite.

Peut-on entrer ?

DUVAL

C'est que j'ai mon feuillet à finir. Qu'est-ce que tu me veux ?

LOUISE

Comment, ce que je veux ? Tu me fais venir d'Orléans, hier, à minuit, par un télégramme, qui me laisse à peine le temps de prendre congé de ma tante. Tu ne me dis rien à ce sujet, maman non plus ; et tu t'étonnes que je sois curieuse de savoir...

DUVAL

Ta mère ne t'a rien dit, par une raison bien simple : c'est qu'elle ne connaît pas elle-même le motif...

LOUISE, vivement.

Oh ! dis-le moi !

DUVAL, en confidence.

Eh bien ! il s'agit d'une surprise, d'une petite fête, que j'ai organisée pour célébrer, ce soir, le dix-huitième anniversaire de mon mariage.

LOUISE

Comment, il y a déjà dix-huit ans ?..

DUVAL

Dame, tu en as dix-sept et...

LOUISE

C'est vrai. Mais c'est que tu as l'air si jeune.

DUVAL

Cela vient, d'abord... de ce que je ne suis pas vieux. Tu sais bien que, quand je me suis marié, j'avais à peine vingt ans... et comme je n'ai jamais eu de barbe...

LOUISE, riant.

Comment, papa ? Tu n'as jamais eu de...

DUVAL

Pas la moindre barbe ! Mon père et mon grand-père non plus... mais il paraît que ma grand'mère en avait pour toute la famille ! Maintenant que ta curiosité est assouvie, tu vas me faire le plaisir de... (*Il se dirige vers son bureau.*)

SCÈNE QUATRIÈME

LES MÊMES, BOCK.

DUVAL, l'apercevant.

Comment, te voilà déjà revenu, toi ?

BOCK

Non, monsieur, je ne suis pas encore parti. J'allais descendre, quand je me suis aperçu que j'avais oublié de vous remettre une lettre... votre feuilleton m'a tellement troublé... voyons ne nous trompons pas... (*Il pose les épreuves sur le bureau.*) Monsieur Marie Duval... voilà. (*Il lui remet une lettre.*) Celle-ci est pour madame. (*Il la remet dans sa poche.*)

DUVAL, après avoir lu des yeux.

Ah ! bonne nouvelle, c'est de notre ami Giraud, qui est à Paris, en ce moment, et qui m'apprend qu'il sera des nôtres, ce soir. (*Il se frotte les mains.*)

LOUISE

Monsieur Giraud !

BOCK, cherchant.

Giraud ? ah ! oui, je connais... Et comment va-t-il, ce pauvre monsieur ?

DUVAL

Mais, d'abord, ce pauvre monsieur n'est pas pauvre du tout.

BOCK

Comment ? ce n'est donc pas lui qui a été si bien rincé, l'année dernière ?

DUVAL, riant.

En effet il a été « rincé... » comme tu dis si élégamment.

BOCK

Oh ! mettez : nettoyé, si vous voulez !

DUVAL, continuant.

Il a donc été... nettoyé, avec monsieur Paul Godot,

son associé ; mais ce Godot a un frère... qui les a sauvés tous deux du naufrage, et qui les a remis à flots !

BOCK, à part.

Comme c'est rédigé !

DUVAL

Ce qui, par parenthèse, a coûté, à ce bon frère, la bagatelle d'un million.

BOCK

C'est un chiffre !

DUVAL

Hein ! ce n'est pas toi qui donnerais un million, pour sauver ton frère... et son associé !..

BOCK

Je ferai d'abord remarquer à monsieur que je n'ai pas de millions ; et puis, j'ai pas de frère ; et il n'est pas dans le commerce ! Ainsi...

DUVAL, à Louise.

Il est plein de logique !.. Allons, maintenant, mon enfant, laisse-moi terminer mon travail.

BOCK

C'est ça, travaillez, monsieur, travaillez... « Le travail... c'est le contraire de la paresse. » — LAROCHEFOUCAULD ! (*Il sort par la gauche et Louise par la droite.*)

SCÈNE CINQUIÈME

DUVAL, seul, s'asseyant à son bureau.

Ce diable de Giraud! Il peut se vanter d'avoir eu là une chance... Allons, bon! mon imbécile qui est parti, sans les épreuves. (*Appelant.*) Bock! (*Courant à la porte de gauche.*) Bock! tu as oublié...

BOCK, déjà loin.

Je me dépêche, monsieur!.. je me dépêche...

DUVAL.

Mais non! je te dis au contraire... Ah! il est déjà bien loin. — Allons, je vais les porter moi-même... Que le diable l'emporte!.. (*Il sort rapidement par la gauche. — Au moment où Duval sort, on voit paraître Gustave à la porte du fond, qui est restée ouverte. Il a l'air de chercher un domestique pour l'annoncer.*)

SCÈNE SIXIÈME

GUSTAVE, seul.

Personne dans l'antichambre?.. (*Il entre en scène.*) Personne ici? (*Il regarde à gauche.*) Personne là? Le portier m'avait pourtant dit... Oh! elle va sans doute rentrer. Et je vais profiter de son absence pour relire les renseignements que Salignac m'a envoyés, tantôt, sur son compte et que j'ai à peine eu le temps de déchiffrer. (*Il tire une lettre de sa poche; lisant :*) « Marie Duval est une femme de trente à trente-

« cinq ans »... J'aurais mieux aimé de vingt-cinq à trente... et même de vingt à vingt-cinq; mais comme il paraît qu'elle est encore... oui. — (*Lisant.*) « Encore « belle; d'une taille élevée... » — J'aime assez les... quoique je ne déteste non plus les... « à la fois robuste « et élancée... » — Bon ! — « Geste et démarche déci-« dés... » — Bien ! — « Un peu brune de peau, comme « toutes les créoles... » — Ah ! c'est une créole?.. « Mais « des yeux superbes... » — Oh ! les yeux ! c'est tout, quoi ! c'est... — « Des cheveux magnifiques, noirs comme le « crime... » — Oh ! les cheveux ! c'est... c'est tout aussi !.. après les dents pourtant !... — « Pas de dents ! » — Comment pas de... ? — « Des perles ! » — Il m'a fait une peur. — « Quant à son esprit, poétique dans ses ouvra-« ges; vif, enjoué dans la conversation... » — L'idéal, quoi !.. — « Enfin, sa main est libre, son cœur n'a « jamais battu, à ce qu'on dit... Et c'est à toi de mettre « un terme à cette anomalie... » C'est bien ce que je compte faire... mais il faut pour cela... — « Post-scriptum : comme beaucoup de femmes de lettres, elle s'habille souvent... » J'entends du bruit... Elle, sans doute ? (*Il remet la lettre dans sa poche. Duval paraît au fond.*)

GUSTAVE

Non, c'est un homme.

SCÈNE SEPTIÈME

GUSTAVE, DUVAL.

DUVAL

Qu'y a-t-il pour votre service, monsieur ?

GUSTAVE

L'émule de Sapho, de madame de Sévigné et de George Sand, s'il vous plaît?

DUVAL

Vous dites?

GUSTAVE

L'illustre écrivain Marie Duval, si vous l'aimez mieux?

DUVAL, saluant.

C'est moi, monsieur.

GUSTAVE

Comment, vous?..

DUVAL

Moi-même.

GUSTAVE

Pardon, je veux parler de l'immortel auteur de *Joséphа*, de *Thérésa* et des *Feuilles... de vigne*.

DUVAL

Eh bien! c'est moi, monsieur.

GUSTAVE, à lui-même.

Comment, c'est?.. comment, ce serait un... (*Reprenant sa lettre qu'il consulte de l'œil à la dérobée.*) Mais non!.. le signalement s'accorde parfaitement avec... Ah!!! (*Achevant le post-scriptum.*) « Comme beaucoup « de femmes de lettres, elle s'habille souvent en « homme!.. » je comprends!

DUVAL, qui l'a observé avec étonnement.

Et puis-je savoir, monsieur, ce qui me procure l'honneur...

GUSTAVE, le lorgnant sans lui répondre.

Elle a l'air un peu dur... mais, c'est égal : c'est une belle personne !

DUVAL

Pardon, monsieur, mais j'ai déjà eu l'honneur de vous demander...

GUSTAVE

C'est juste ; m'y voici... Je serai bref : il y a six mois, environ, le hasard fit tomber dans mes mains un de vos plus charmants ouvrages.

DUVAL

Joséphа ?

GUSTAVE

Non, *Thérésa ou la Perle de Bologne*. Vous dire que je l'ouvris, c'est vous dire, en même temps, que je ne fermai le livre qu'à la dernière page. (*Duval salue.*) Depuis, j'ai lu, ou plutôt j'ai dévoré tous vos ouvrages, et j'y ai senti respirer partout un cœur si noble et une âme si tendre... que je me suis trouvé, un beau jour, aussi épris de l'auteur que je l'étais déjà de son talent.

DUVAL s'incline.

(*A part.*) Un éditeur, sans doute.

GUSTAVE

Je pris alors des informations sur votre compte. J'ai

su, à Bordeaux, par des amis, qui m'ont dit vous connaître personnellement, que votre main était libre.

(*Duval regarde au plafond.*)

GUSTAVE, achevant.

Sur ce, j'ai pris le rapide... et je suis venu vous la demander et vous offrir la mienne.

DUVAL

Ah ! très-bien ! — Comment donc, monsieur ? mais avec le plus grand plaisir... (*Il lui donne une poignée de main.*)

GUSTAVE, un peu étonné de son succès.

Ainsi... vous consentez ?

DUVAL, gaiement.

On ne saurait avoir trop d'amis !

GUSTAVE

Enfin, vous êtes prête à me suivre à la mairie ?

DUVAL

La mai... ? Vous désirez que je vous serve de témoin pour quelque formalité ?..

GUSTAVE

Comment, de témoin ?

DUVAL

Dame, puisque vous me demandez de vous suivre à la mairie ?..

GUSTAVE

Sans doute ; quand on se marie, il faut bien passer par...

DUVAL

Ah ! vous vous mariez ?... Fort bien ! Et serais-je indiscret en vous demandant avec qui ?..

GUSTAVE

Mais... avec vous, puisque vous venez de m'accorder...

DUVAL

Ah ! ça, vous me proposiez donc ?..

GUSTAVE

Eh ! bien, oui... de vous épouser...

DUVAL, riant.

Comment, de m'épouser ! moi, un homme !

GUSTAVE

Un homme ?

DUVAL, riant plus fort.

Marié !.. père de famille !..

GUSTAVE

Père de... (*Consultant de nouveau la lettre du coin de l'œil.*) mais c'est impossible ! Voyons, Marie, ne prolongez pas plus longtemps...

DUVAL, à lui-même.

Ah ! je comprends ! c'est mon prénom qui lui a fait croire... (*Il rit à gorge déployée et tombe sur un canapé en poussant des cris à force de rire.*)

GUSTAVE

Allons, bon ! une attaque de nerfs ! (*Il tire un flacon de sa poche, et veut le lui faire respirer ; Duval éternue, en riant de plus belle.*)

SCÈNE HUITIÈME

LES MÊMES, LOUISE, BOCK.

(*Ils paraissent en même temps, Louise à la porte de droite, Bock à celle du fond.*)

LOUISE

Qu'y a-t-il donc ?

BOCK

Monsieur est malade ?

DUVAL, *se remettant peu à peu.*

C'est monsieur... qui est venu de Bordeaux... pour m'épouser !

BOCK

Épouser mon maître ?

LOUISE

Mon père ?..

GUSTAVE

Son pè... Comment, Marie Duval serait ?..

DUVAL

Eh ! oui, monsieur, voilà une heure que je vous le dis !

GUSTAVE

Mon Dieu, madame... (*Vite.*) monsieur, veux-je dire !..

DUVAL

Oh ! je ne vous en veux pas !.. je puis même dire que

vous m'avez fait passer une heure... assez gaie... mais les choses les plus agréables doivent avoir un terme. Enfin, monsieur, je ne vous retiens pas. (*Il remonte vers la gauche avec sa fille.*)

LOUISE, bas à son père et regardant Gustave.

Il n'a pourtant pas l'air bête. (*A part.*) Et il est gentil. (*Elle sort par la gauche.*)

BOCK, à part.

C'est sans doute un fou. (*Bas à Duval.*) Monsieur? faut-il le jeter en bas des escaliers?

DUVAL

Non. — Laisse-le souffler un peu; mais surveille-le. (*Il sort à la suite de sa fille.*)

BOCK

Remettez-vous, monsieur, remettez-vous; mais je vous préviens que je vous surveille... (*Il remonte; s'arrêtant.*) et que je suis fiancé à la fille de la fruitière! (*Il sort par le fond.*)

SCÈNE NEUVIÈME

GUSTAVE, seul.

(*Un temps de silence. — Jeu de scène.*)

Eh bien! ils sont gentils, mes petits camarades!.. et ce brigand de Salignac qui m'écrit quatre pages pour... ah! les gredins! c'est donc cela qu'ils riaient tant, quand je leur ai fait part de mon projet; et, surtout, quand je suis parti! Et s'ils riaient si fort, au départ, que sera-ce au retour, quand ils sauront... car ils le sauront. Cette maudite femme... ce maudit homme, veux-je dire, n'est pas homme, n'est pas fem... si, je disais bien ! il n'est pas homme à laisser échapper... ce fait-divers ; eh bien ! ce sera gai pour moi ! enfin ! résignons-nous... résign... hum ! c'est dur ! et puis, voyons donc ? est-ce qu'il n'y aurait pas moyen de... non... je... ne trouve rien... si ce n'est de changer de nom et de partir pour le Yucatan... J'y vais !.. (*Il remonte.*)

BOCK, à la cantonade.

Moi, monsieur, j'en ferais une nouvelle pour *la Vie parisienne.*

GUSTAVE

Qu'est-ce que je disais ? — (*Bock entre par la gauche.*)

SCÈNE DIXIÈME

GUSTAVE, BOCK.

BOCK

Comment, vous êtes encore là, vous ?

GUSTAVE

Oui, mon ami, oui ; ce n'est certainement pas pour l'agrément que j'ai eu ici, mais je...

BOCK

Vous n'êtes pas encore remis de...

GUSTAVE

Imparfaitement, mon ami ; et si je ne craignais d'abuser de votre hospitalité...

BOCK

Oh ! vous pouvez rester tant que vous voudrez. — Je sais que vous n'êtes pas un voleur.

GUSTAVE

Merci...

BOCK, se touchant le front du doigt.

Vous êtes tout simplement...

GUSTAVE, vite.

Précisément ! Mais dites-moi, mon bon Joseph ?..

BOCK

Pourquoi donc que vous m'appelez Joseph ?

GUSTAVE

Je voulais dire, mon cher Baptiste...

BOCK

Baptiste, vous-même ! Je m'appelle Bock, pour vous servir.

GUSTAVE, ahuri.

Eh bien ! mon bon Chope...

BOCK

Bock !

GUSTAVE

Eh ! bien, mon bon Bock, faites-moi le plaisir d'aller me chercher une voiture.

BOCK

Une voit...

GUSTAVE

Oui, avec des stores... très-épais... car je suis sûr qu'ils m'ont suivi de Bordeaux, et qu'ils sont à la porte !

BOCK

De Bordeaux ?.. à la porte ! qui donc ?..

GUSTAVE

Mes amis, mon ami, mes amis les plus intimes... Ainsi, des stores, mon bon Canette, des stores, comme s'il en pleuvait !..

BOCK, à part.

C'est bien ce que je disais ; c'est un fou ; ne l'excitons pas. (*Haut.*) Oui, monsieur, moi chercher voiture à vous... avec des estores. (*Il remonte.*)

GUSTAVE

Ah ! si l'on vous interroge, vous direz que ce n'est pas vrai, n'est-ce pas ? Tenez voilà vingt francs.

BOCK, les prenant.

Il a une folie douce !

GUSTAVE

Allez, mon ami, allez.

BOCK

Oui, monsieur... mais surtout ne cassez rien. (*Il sort par le fond.*)

SCÈNE ONZIÈME

GUSTAVE, LOUISE.

LOUISE, entrant par la droite et traversant le théâtre comme pour aller dans une pièce de l'appartement.

Comment, monsieur, vous n'êtes pas encore ?..

GUSTAVE

Non, mademoiselle, mais...

LOUISE, avec un sourire moqueur.

Est-ce que, par hasard, vous voudriez prendre connaissance du contrat de mariage de...

GUSTAVE, vite.

Nullement, mademoiselle, nullement ! d'autant plus... que... (*Subitement.*) Ah ! je suis sauvé ! !

LOUISE

D'autant plus ?..

GUSTAVE

Que je n'ai jamais ignoré... la vérité.

LOUISE

Comment, vous saviez ?..

GUSTAVE

Tout, mademoiselle, tout !

LOUISE

Que mon père ?..

GUSTAVE

Était votre père !

LOUISE

Eh bien ! alors, dans quel but ?

GUSTAVE

Vous allez comprendre en deux mots ; c'est on ne peut plus simple. Je me suis fait ce raisonnement : « Étant donnée la position éminente que Marie Duval occupe dans la littérature, (*Appuyant.*) cet homme-là ne doit pas pouvoir faire un pas dans un salon, avec sa fille (déjà si remarquable par elle-même), sans avoir à fendre des flots d'adorateurs, plus illustres les uns que les autres... »

LOUISE

Mais, monsieur...

GUSTAVE

Pardon ; veuillez, je vous prie, me laisser finir. (*Cherchant.*) Heu... (*Reprenant.*) « ... que les autres ! — Or, si je viens tout simplement, moi, obscur et chétif plongeur, lui demander la main... de cette perle... » (*Mouvement de Louise. Gustave lui fait gracieusement signe de ne pas l'interrompre, et il continue.*) « de cette perle... le grand Duval me rira au nez ; ou, s'il daigne s'en abstenir, il ne fera aucune attention ni à ma personne, ni à ma requête. (*Mouvement de Louise. Reprenant vivement.*) Tandis !.. tandis qu'en me présentant d'une façon originale... insolite... fût-ce même grotesque ! j'aurai du moins attiré fortement son attention ; et la glace sera rompue quand je viendrai lui dire : Monsieur, tout cela n'était qu'un stratagème, une petite ruse bien innocente; la vérité est que j'aime votre fille depuis le jour où je l'ai vue pour la première fois, et je viens vous demander sa main. »

LOUISE, ébahie.

Mais qu'est-ce que vous dites donc là, monsieur ?

GUSTAVE

La vérité, mademoiselle, et vous le savez : la vérité a des accents auxquels il est impossible...

LOUISE

Comment vous m'aimez, vous ?

GUSTAVE

Oui, mademoiselle, depuis la première fois que...

LOUISE

Que vous m'avez vue ?

GUSTAVE

Oui, mademoiselle.

LOUISE

Mais où donc m'avez-vous vue, monsieur ?

GUSTAVE

Partout ! — d'abord... — puis, dans mes rêves, mademoiselle...

LOUISE, riant.

Vraiment ?

GUSTAVE

C'est comme j'ai l'honneur de...

LOUISE

Et cela, depuis longtemps?

GUSTAVE

Depuis... un an...

LOUISE

Un an?

GUSTAVE

Au moins!

LOUISE

Alors, monsieur, j'ai un sosie; car j'arrive d'Orléans, que je n'ai pas quitté depuis l'an dernier.

GUSTAVE

Quand je dis un an... vous savez, le temps paraît si long... quand on souffre...

LOUISE

Je ne suis à Paris que depuis hier.

GUSTAVE, démonté.

Ah! vous n'êtes à Pa... Pa... que de... de...

LOUISE

Que depuis hier.

GUSTAVE

Oui, je... j'entends bien! et je veux dire par là que c'est qu'en effet vous avez un sosie.

LOUISE

Qui porte aussi mon nom?

GUSTAVE, répétant machinalement :

Qui porte aussi... — non!.. je dois avouer que cette personne ne porte pas...

LOUISE

Alors, comment êtes-vous ici, et non chez elle ?

GUSTAVE

Comment je suis... ici et non... ?

LOUISE

Sans doute !..

GUSTAVE

Oui... je comprends votre étonnement. Mais je vais vous dire... c'est que cette personne... que j'aimais à distance... je ne savais pas son nom... (*Vite.*) et voulant le savoir à tout prix... (*Appuyant.*) hier... hier, je vous ai suivie, croyant la suivre ; et c'est ainsi que...

LOUISE

Hier ?

GUSTAVE

Oui... quand vous êtes revenue du chemin de fer.

LOUISE

Ah ! et à quelle heure, monsieur ?

GUSTAVE

A... à quelle... ? à quelle heure?..

LOUISE

Mais répondez donc !

GUSTAVE, à part.

Je donnerais mille francs d'un indicateur!

LOUISE

Eh bien!

GUSTAVE

Mon Dieu, vous comprenez... on n'a pas toujours la montre à la main... et puis, toutes les montres ne vont pas de la même façon... il y en a qui retardent... il y en a qui avancent... il y en a qui...

LOUISE

Soit! mais on n'a pas besoin de montre pour savoir s'il fait jour ou nuit.

GUSTAVE

Oh! il est certain qu'on n'en a pas besoin pour savoir... quoique, en été, les jours soient beaucoup plus longs qu'en hiver! et qu'en hiver, les jours soient beaucoup plus courts que...

LOUISE

Oui; mais nous sommes en été, monsieur.

GUSTAVE

Ah! vous croyez que nous sommes en...

LOUISE

Je vous l'affirme. Et je vous prie de me dire, tout simplement, si c'est le matin ou le soir que je suis arrivée.

GUSTAVE

Si c'est le... mais... vous devez le savoir mieux que moi, mademoiselle ! et je ne permettrais pas...

LOUISE

Oui, mais... je vous demande. Allons !

GUSTAVE

Eh bien ! il pouvait être... environ... (*A part.*) Je crois qu'il part un express d'Orléans... à deux heures. (*Haut.*) Oui... il pouvait être... quatre heures et demie...

LOUISE

Quatre heures et demie ?

GUSTAVE

Environ !.. ou cinq heures...

LOUISE

Cinq heures ?..

GUSTAVE

A moins que...

LOUISE

Assez, monsieur ; je suis arrivée hier soir à minuit !

GUSTAVE, à part.

Pincé !

LOUISE

Vous ne dites rien ?

GUSTAVE

Mon Dieu, mademoiselle, tout cela est si étrange... cette ressemblance...

LOUISE

Tenez, monsieur, soyez franc ; vous avez été la dupe d'une erreur, d'une mystification peut-être, et vous avez cherché à sortir, le mieux possible, (*Se contenant pour ne pas rire.*) d'une situation... difficile.

GUSTAVE

Dites atroce, mademoiselle !

LOUISE

Mettons... pénible.

GUSTAVE

Merci !

LOUISE

Eh bien ! il ne sera pas dit que tant d'efforts auront été perdus ; je parlerai à mon père, et je vous promets que ce petit épisode ne sortira pas d'ici ; et maintenant, monsieur, je...

GUSTAVE

Oui, je comprends (*Partant.*) et je sors, mademoiselle, (*Remontant.*) je sors... je... ah ! (*Revenant.*) Permettez-moi, seulement, de vous remercier de votre générosité, de votre bonté...

LOUISE, remontant pour le faire sortir.

C'est inutile.

GUSTAVE, marchant à reculons.

Pour un inconnu...

LOUISE, même jeu.

C'est bien !..

GUSTAVE

Que vous ne connaissez pas... (*S'arrêtant.*) et dont vous devez avoir une bien triste opinion !

LOUISE

Nullement, monsieur !

GUSTAVE, redescendant d'un pas.

Ah ! vous n'êtes pas sincère... il est impossible que vous n'ayez pas de moi une idée...

LOUISE

Nullement, vous dis-je ! ces choses-là peuvent arriver à tout le monde.

GUSTAVE, se récriant.

Oh ! oh ! oh !

LOUISE

Sans doute, et tout le monde n'eût pas été capable des efforts héroïques que vous avez faits...

GUSTAVE, d'un air piteux.

Et qui n'ont pas abouti...

LOUISE, répétant.

Et qui n'ont pas abouti...

GUSTAVE, vivement.

Mais qui auraient pu aboutir.

LOUISE, étourdiment.

Mais qui auraient pu... (*Se ravisant.*) Qu'est-ce que vous dites donc là ?

GUSTAVE

Dame, si mon mauvais destin n'avait pas voulu que vous ne fussiez arrivée à Paris qu'hier à midi... je veux dire à minuit!..

LOUISE

Eh bien ?

GUSTAVE

Vous auriez pu croire...

LOUISE

Un mensonge !

GUSTAVE, se récriant.

Un mensonge ?..

LOUISE

Dame...

GUSTAVE, cédant.

Oui, un mensonge, parce que je ne vous avais jamais vue! mais qui ne pouvait manquer d'être une vérité, si je vous avais connue!

LOUISE

Comment cela ?

GUSTAVE

(*S'emparant du prétexte pour descendre un peu.*) Comment, comment cela ?... mais parce que vous êtes charmante, adorable !

LOUISE

Monsieur !..

GUSTAVE

Oui, mademoiselle !.. puis, vous avez de l'esprit, beaucoup d'esprit, et, ce qui vaut encore mieux, vous êtes bonne. Moi, de mon côté, je suis... non, moi, je ne suis pas joli, mais je m'habille très-bien ; et puis je suis bon aussi, et pas aussi bête que vous devez le croire. (*Mouvement de Louise.*) Oh ! je n'entends pas dire, par là, que j'ai un esprit... non ; mais je suis très-gai, je suis drôle, je fais rire... quand je veux... et même quand je ne veux pas... mais je ne parle ici que du premier cas. (*Se laissant aller naturellement sur la chaise qui est au fond, près de la porte.*) Tenez, mademoiselle, plus j'y réfléchis, et plus je trouve que l'affaire peut encore s'arranger.

LOUISE

Que voulez-vous dire ?

GUSTAVE

Asseyez-vous donc, je vous en prie. (*Louise obéit machinalement, et elle s'assied dans le fond, sur la chaise qui est de l'autre côté de la porte.*) Votre père a du talent à revendre ; mais, si mes renseignements sur sa position sont plus exacts que ceux qu'on m'a donnés sur son état civil... il n'a pas de fortune.

LOUISE

Je crois, en effet...

GUSTAVE, continuant.

Vous, mademoiselle, vous avez de la beauté, du charme et de la grâce... à ne savoir où les mettre...

LOUISE

Monsieur!

GUSTAVE, continuant.

Mais pas de fortune non plus, par conséquent; moi, je n'ai ni talent, ni beauté, ni grâce; mais j'ai, en revanche, une fortune qui...

LOUISE, faisant un mouvement pour se lever.

Monsieur!

GUSTAVE, la faisant rasseoir du geste.

Oh! parbleu! je pense bien que vous ne m'épouseriez pas pour cela... si je ne vous plaisais pas; mais, dans le cas où je parviendrais à vous plaire, à la longue, il serait tout naturel de faire de cette beauté, de ce talent et de cette fortune, une... mayonnaise... qui n'aurait rien de bien désastreux! (*Louise se met à rire. — Gustave, se levant vivement.*) Ah! vous avez ri, mademoiselle! Vous voyez bien déjà que vous me reconnaissez, sinon de l'esprit, du moins une gaieté... communicative. (*Il salue comme s'il allait se retirer, et il se rassied.*)

SCÈNE DOUZIÈME

LES MÊMES, BOCK.

BOCK, entrant.

Monsieur, la voiture est... Tiens, où est-il donc?.. (*Il l'aperçoit dans le fond, assis d'un côté de la porte et Louise de l'autre.*) Ah! le voilà! Comment! avec Mademoiselle? (*Reprenant.*) Monsieur, la voiture...

GUSTAVE

C'est bien, mon ami, c'est bien. (*Il le congédie du geste.*)

BOCK, à Louise.

Comment, il ne veut pas ?..

LOUISE, de même.

C'est bien, mon ami, c'est bien.

BOCK

Elle aussi ! mais...

GUSTAVE, bas.

Tiens, voilà vingt francs, va-t'en !

BOCK

Encore ! (*A part.*) Il n'est pas Dieu possible, il se sera sauvé de Charenton avec la grenouille ! (*Il sort.*)

SCÈNE TREIZIÈME

GUSTAVE, LOUISE.

(Ils sont redescendus au premier plan.)

GUSTAVE, avançant un fauteuil à Louise de la façon la plus naturelle, et s'apprêtant à s'asseoir lui-même.

Nous en étions restés...

LOUISE

Pardon, monsieur, mais il me semble que cet entretien n'a que trop duré déjà, et vous me permettrez...

GUSTAVE, d'un ton blessé.

Comment, trop duré déjà ? Est-ce que j'aurais eu le malheur de commettre une inconvenance ?

LOUISE

Je ne dis pas cela...

GUSTAVE

D'être indiscret ?

LOUISE

Non plus... mais...

GUSTAVE

Ennuyeux ?

LOUISE

Encore moins... mais...

GUSTAVE

Eh bien, alors! (*S'asseyant.*) Nous en étions restés à la question d'argent et...

LOUISE

Justement, monsieur, et vous devez comprendre...

GUSTAVE, vite.

Oui, je comprends ; vous croyez que j'ai une de ces fortunes!.. Rassurez-vous, mademoiselle; il ne s'agit que d'une modeste aisance : vingt-cinq mille francs de rente, environ; et je vous assure, qu'au prix où sont les asperges... (*Louise rit. — Gustave, se levant et saluant.*) Merci, mademoiselle ; ça fait deux fois ! (*Il se rassied.*) Vous voyez que cette fortune n'a rien d'humiliant pour la jeune personne... vous trouverez même, peut-être, qu'elle ne vous humilie pas assez?

LOUISE

Oh! monsieur!

GUSTAVE

Du reste, j'ai été bien plus... j'ai été un peu plus riche, autrefois; mais...

LOUISE

Vous avez eu des revers de?..

GUSTAVE

Non, pas moi; mais mon frère, qui est dans l'industrie, a fait de mauvaises affaires et...

LOUISE

Et vous avez payé pour lui?

GUSTAVE

Est-ce qu'il ne voulait pas se brûler la cervelle, cet animal-là? voyez-vous, mademoiselle, s'il avait fait ça... je l'aurais tué! Il est clair que je ne pouvais pas le laisser dans le fossé? — Je suis de votre avis! je ne le pouvais pas! — Puis, j'ai dû payer aussi quelques petites choses, pour l'ami Giraud, son associé...

LOUISE, étonnée.

Giraud?..

GUSTAVE

Vous ne connaissez pas!.. (*Achevant sa phrase.*) afin de le remettre sur ses jambes; et, grâce au ciel, j'y ai réussi : ce qui m'a couvert, et au-delà, de mes petits débours. Mais je vous dis là des choses...

LOUISE

Pardon, monsieur, n'avez-vous pas dit que l'associé de votre frère se nommait Giraud ?..

GUSTAVE

Hem... oui... en effet... (*Vite.*) mais vous ne connaissez pas !

LOUISE

C'est que je crois, au contraire...

GUSTAVE, à part.

Plaît-il ? Ah ! mon Dieu, est-ce que par hasard... (*Haut.*) Non, mademoiselle, non, c'est impossible !.. Ce Giraud habite Bordeaux... (*Mouvement de Louise.*) Très-loin... très-loin !.. tout au bout de la ville ! dans une rue, où il ne passe jamais personne !.. Ainsi...

LOUISE, insistant.

Pardon, pardon !.. Seriez-vous assez bon pour me dire aussi le nom de votre frère ?

GUSTAVE

Le nom de... de mon...

LOUISE

De votre frère, oui...

GUSTAVE

Oui... j'entends bien... de mon frère... c'est que... c'est que vous le connaissez encore moins que Giraud... il ne sort jamais ! c'est un ours, mademoiselle ! Vous n'avez jamais pu imaginer un homme aussi sauvage! oh! il est d'un sauvage!..

LOUISE

Soit. Mais enfin, ce sauvage a un nom?

GUSTAVE

Un nom? oui, un nom... de sauvage, naturellement!.. et très-difficile à prononcer!

LOUISE

Eh! bien, puisque vous ne pouvez pas me dire le nom de votre frère... vous pourrez, peut-être, me dire... le vôtre?

GUSTAVE

Le... le mien?

LOUISE

Dame...

GUSTAVE

Sans doute... mais c'est un nom si modeste et si obscur, qu'il ne vous apprendrait rien sur son propriétaire... ainsi...

LOUISE

Dites toujours... je le veux!

GUSTAVE

Vous le..? Eh! bien, mademoiselle, je m'appelle... Gustave!.. vous voyez que...

LOUISE

Oui... de votre nom de baptême; mais votre nom de famille?

GUSTAVE, se tordant la mâchoire.

Gogo.

LOUISE

Comment, Gogo ?..

GUSTAVE, plus distinctement et plus vite.

Godot, mademoiselle ; et vous voyez bien que...

LOUISE

C'est bien cela !

GUSTAVE

Pardon, mais la conversation a fait un coude et...

LOUISE

Monsieur Giraud est un des meilleurs amis de mon père, monsieur !

GUSTAVE, à part.

Va te promener !..

LOUISE

Et il nous a raconté, l'an dernier, dans les moindres détails la générosité, et surtout la délicatesse avec lesquelles...

GUSTAVE, vite.

Il a exagéré, mademoiselle, beaucoup exagéré !

LOUISE

Qu'en savez-vous ? puisque vous ignorez ce qu'il a dit ?

GUSTAVE

Il a dû exagérer ! cet homme-là, voyez-vous, c'est un

monstre... de reconnaissance ! et, si on l'écoutait, il vous ferait aux gens des réputations...

LOUISE

Je ne sais pas s'il a exagéré; mais, ce que vous appelez... vos petits débours... lui, il l'appelle... un million... vous vous taisez ?

GUSTAVE, à part.

Canaille, va ! obligez donc les gens ! (*Il prend son chapeau sur la table, l'écrase dans ses mains et remonte vers le fond.*)

LOUISE

Eh bien ! où allez-vous donc, monsieur ?

GUSTAVE

Je m'en vais, mademoiselle ; ah ! la journée n'a pas été bonne pour moi ! Je suis entré ici comme un imbécile, et voilà que je sors comme un sot.

LOUISE

Vous, monsieur ?

GUSTAVE

Dame ! est-ce que j'avais besoin de vous raconter... mes petites fredaines ?

LOUISE

En tous cas, vous ne les avez pas grossies.

GUSTAVE

Il n'aurait plus manqué que ça !

LOUISE

Puis, vous ne pouviez pas prévoir que je connaissais...

GUSTAVE

Si, mademoiselle, j'aurais dû le prévoir... d'ailleurs on ne doit jamais parler de ces choses-là... Enfin, je suis venu chercher ici mon petit prix de vertu et, maintenant que vous me l'avez décerné, je n'ai plus qu'à mettre mon mouchoir par-dessus... pour qu'il ne s'envole pas... et à aller me faire... couronner ailleurs. (*Il fait un pas pour sortir.*) Mais... mais qu'avez-vous donc, mademoiselle ?

LOUISE

Mon Dieu ! monsieur, j'aurais voulu vous cacher mon émotion ; mais... tant de dévouement et de simplicité...

GUSTAVE

Comment, mademoiselle, je vous aurais émue... aussi ? malgré la balourdise...

LOUISE, avec intention.

Oui, monsieur, malgré cette balourdise !

GUSTAVE

Oh ! je ne l'ai pas faite exprès, je vous le jure ; mais, puisque c'est fait, vous devez reconnaître que, vous avoir fait rire et pleurer, dans les conditions... laborieuses, où je vous ai été présenté, c'est... un assez joli travail ?

LOUISE, souriant.

En effet.

GUSTAVE, se rapprochant.

Mais, alors, si, à une seconde audition, je ne faisais encore que gagner dans votre esprit... et ainsi de suite ?..

LOUISE, baissant les yeux.

Eh bien ?..

GUSTAVE

Eh bien, mais vous pourriez peut-être bien finir par m'accorder cette jolie petite main !.. Dame...

LOUISE

Dame... il est évident que, si vous finissiez par me plaire...

GUSTAVE

Oui, mais il faudrait, pour cela, pouvoir revenir ici...

LOUISE

C'est vrai.

GUSTAVE

Et, pour revenir ici, il me faudrait votre permission ?..

LOUISE

Sans doute.

GUSTAVE

Et si vous me permettez de revenir, pour que je tâche de vous plaire... c'est que je ne vous déplais pas ?

LOUISE

Évidemment.

GUSTAVE

Mais si je ne vous déplais pas, je n'ai plus besoin de chercher à vous plaire !..

LOUISE

C'est-à-dire ?..

GUSTAVE

C'est-à-dire que, si vous avez la moitié autant de logique que vous avez d'esprit, de grâce et de beauté, vous m'autoriserez à aller trouver, de ce pas, madame votre pè... hum ! monsieur votre père, à qui je dirai : Monsieur Duval...

SCÈNE QUATORZIÈME

LES MÊMES, DUVAL, qui vient d'entrer par la droite avec précaution conduit par BOCK.

DUVAL, répondant à l'interpellation.

Monsieur ?

GUSTAVE

Ah ! très-bien ! (*Saluant.*) Monsieur Duval, j'ai l'honneur de vous demander...

DUVAL, riant.

Ma main, encore ?..

GUSTAVE

Non ! (*Il se tourne machinalement vers Bock.*)

BOCK

La mienne ?.. Je suis fiancé à la fille de...

GUSTAVE, à Duval.

La main de mademoiselle votre fille, dont je suis amoureux fou, depuis une heure, et à qui je ne déplais pas trop, depuis cinq minutes.

DUVAL

Ah ! décidément, c'est un fou !..

BOCK

Attendez, monsieur, je vais l'insérer dans le fiacre et le reconduire... à sa pension.

LOUISE

Un fou ? Non, papa : c'est un original ; mais je t'assure qu'il a du bon.

DUVAL, à Louise.

Comment, tu as l'air de l'encourager ? un homme que tu ne connais pas ?

LOUISE

Mais si, je le connais, et toi aussi ! (*Bas.*) C'est monsieur Gustave Godot.

DUVAL

Le frère de l'associé de Giraud ?

BOCK

Celui qui s'est fendu d'un million pour... ?

GUSTAVE, à part.

Oh ! les mauvaises langues !

LOUISE

C'est lui-même !

DUVAL

Tu m'en diras tant ! (*Il fait un pas vers Gustave.*) Je ne sais pas si je serai jamais votre beau-père, monsieur

Godot ; mais, ce que je puis vous affirmer, c'est que je suis déjà votre ami. (*Il lui serre la main.*)

BOCK, avec émotion à Gustave.

Et moi, monsieur, je vous prie de me considérer... comme vot' frère !..

Rideau.

LES FRAISES

Comédie en un acte

PAR M. ANDRÉ THEURIET.

PERSONNAGES

JEAN DE SANTENOGE, 28 ans.
MARIANNE FÉVRIER, 18 ans.
LE Dr BROCARD, son grand-oncle, 65 ans.
BERNARD.
PETIT-PINSON, berger de Santenoge, 15 ans.

La scène est dans la maison de Jean de Santenoge, à la lisière de la forêt de Vireloup.

LES FRAISES

Une grande pièce obscure et pauvrement meublée. — A droite, une table de chêne à pieds tournés ; à gauche, un bahut-dressoir garni de vaisselle. — Au deuxième plan, à droite, une fenêtre dont les volets sont clos. — Au fond, porte donnant sur la forêt.

SCÈNE PREMIÈRE

PETIT-PINSON, LE DOCTEUR BROCARD.

PETIT-PINSON. Il tient la porte entre-bâillée et regarde le docteur Brocard d'un air soupçonneux.

Non, monsieur, pour de vrai, monsieur de Santenoge n'est pas rentré depuis hier soir.

BROCARD

Ton maître ne couche donc plus chez lui ?

PETIT-PINSON

Des fois il y couche, et des fois non.

BROCARD, haussant les épaules.

Une jolie vie !.. Et quand rentre-t-il ?

PETIT-PINSON

Vers le tantôt... quand il rentre.

BROCARD, forçant le passage.

Mazette ! Enfin, puisque je suis venu, je l'attendrai... Voyons, laisse-moi entrer, mon garçon... Je ne suis ni un créancier ni un huissier, que diantre !.. Je suis le docteur Brocard, d'Auberive, et je ne veux pas te faire de mal. (*Il va s'asseoir dans un vieux fauteuil, à gauche ; Petit-Pinson suit ses mouvements d'un œil méfiant.*) Allons, je vois qu'il n'est pas changé, ton maître !.. Toujours diable à quatre, braconnier l'été, coureur de guilledou l'hiver ; faisant damner les gardes et tournant la tête aux filles...

SCÈNE DEUXIÈME

LES MÊMES, JEAN DE SANTENOGE.

SANTENOGE, vêtu d'une mauvaise veste de chasse, guêtré jusqu'aux genoux, le carnier au dos et un panier de fraises à la main, entr'ouvre la porte du fond et entend les dernières réflexions du docteur.

SANTENOGE, avec un bon rire éclatant.

Bah ! docteur Brocard, on en dit plus qu'il n'y en a, je vous assure.

BROCARD, se retournant.

Ah ! monsieur de Santenoge, vous m'écoutiez !

SANTENOGE, se débarrassant de son carnier et posant le panier sur la table.

Dame, j'entendais jaser dans la salle et j'écoutais avant de me faire voir, parce que, à vous parler franc, il y a certaines figures que je n'aime pas à rencontrer... (*Gaîment.*) La vôtre n'est pas de celles-là, docteur, et je suis aise de vous recevoir chez moi, bien que vous ne chantiez pas toujours mes louanges.

BROCARD

Moi, je répète ce que tout le monde dit dans le pays... Ah! mon camarade, vous n'y jouissez pas précisément de la réputation d'un saint, et, entre nous, vous n'avez pas volé le surnom que vous ont donné les belles dames d'Auberive... Vous êtes toujours « le don Juan de Vire-loup » !

SANTENOGE

Que voulez-vous, docteur? J'ai le sang vif et l'humeur gaillarde. Mais, parce que j'aime un peu trop les femmes et le gibier, il n'y a pas là de quoi crier au scandale... Les gens graves, qui me montrent au doigt, font peut-être pis quand personne ne peut les voir. Je préfère encore tuer un lièvre au nez des gardes et chiffonner un cotillon en plein soleil, que d'être un marguillier béat le dimanche, et un usurier le restant de la semaine, comme ce pince-sans-rire de Février, le notaire d'Auberive... (*Mouvement de Brocard.*) Pardon, c'est votre parent et j'aurais dû tenir ma langue.

BROCARD

Allez! allez! vous n'en direz jamais autant de mal que j'en pense, et si ce n'était à cause de sa fille, ma petite-nièce, une enfant que j'aime beaucoup, nous ne nous verrions pas souvent... Tenez, c'est justement à propos de maître Février que je viens aujourd'hui chez vous. J'ai à vous parler à son sujet... Renvoyez votre petit pâtureau.

SANTENOGE, *à Petit-Pinson qui écoute.*

Petit-Pinson, va surveiller la vache au pré et ne reviens que quand on t'appellera...

(Petit-Pinson sort.)

Eh bien! docteur, que me veut-il, ce vilain gratte-papier, et quelle mauvaise nouvelle m'apportez-vous de sa part ?

BROCARD

C'est une commission qui n'a, en effet, rien d'agréable... Je m'en suis chargé néanmoins. Les mauvaises nouvelles sont comme les médecines amères; il vaut encore mieux les prendre présentées par un ami que par un indifférent... Vous devez de l'argent à maître Février ?

SANTENOGE

Oui et non... Du temps que feu mon père dirigeait la vieille forge de Vireloup, il avait cautionné un voisin, débiteur de votre neveu. Le voisin, ayant fait de mauvaises affaires, a levé le pied; mon père lui-même est mort ruiné, et comme je suis son héritier, votre pince-maille de notaire me réclame la somme, à moi qui n'en ai jamais touché un rouge liard... Voyons, en bonne justice, est-ce que je lui dois un sou ?

BROCARD

En équité, non... Pourquoi n'avez-vous pas renoncé à la succession de votre père ?

SANTENOGE

On me l'avait conseillé, mais cette façon de reniement m'a répugné.

BROCARD

Ce sentiment-là vous fait honneur... Pourtant la loi est la loi, et Février a obtenu jugement contre vous.

SANTENOGE, d'un ton insoucieux.

Je l'ai ouï dire.

BROCARD

Ah ! il a pris toutes ses précautions. Il a fait jouer pour vous le grand jeu de la musique procédurière : assignation, jugement par défaut, signification, commandement, dénonciation... Vous avez dû lire tout son papier timbré ?

SANTENOGE

Je ne lis jamais ces choses-là... A quoi bon ?

BROCARD

C'est justement votre dédain qui l'exaspère... Il veut son argent et jure ses grands yeux qu'il l'aura.

SANTENOGE

Je serais curieux de savoir comment ?

BROCARD

Il fera tout vendre chez vous.

SANTENOGE

Peuh ! ma maison est couverte d'hypothèques et mon mobilier ne vaut pas cent écus... Il en sera pour ses frais.

BROCARD

Il s'en doute, mais il prétend que ça lui est égal et qu'il veut vous donner une leçon.

SANTENOGE, *furieux.*

Une leçon!.. alors ce qu'il en fait est uniquement pour le plaisir de me molester?.. Une leçon!.. je n'en reçois de personne et je l'apprendrai à ce rogneur de liards. Je ne suis pas méchant; mais, quand on cherche à me nuire, je me rebiffe et je me venge à la première occasion... Que votre Février ne tombe jamais sous ma patte!

BROCARD

Croyez bien que j'ai employé le vert et le sec pour l'adoucir... Tenez, nous attendons aujourd'hui sa fille qui sort du couvent... je suis même étonné de n'avoir pas croisé en venant la voiture qui la ramène. — Eh bien! j'ai essayé de profiter de ce retour pour attendrir mons Février, je lui ai dit qu'il ne fallait pas marquer la rentrée de cette enfant au logis par un acte de vengeance... Bah! quand il s'agit d'argent, ce diable d'homme a un moellon à la place du cœur. Il veut ses mille écus, et si demain il ne les trouve pas sur son bureau, après-demain l'huissier saisira chez vous... J'ai tenu du moins à vous en aviser, afin que vous preniez vos mesures en conséquence.

SANTENOGE, *faisant claquer ses doigts.*

Qu'on me saisisse! je m'en irai percher sur un des hêtres de la forêt. En été, les nuits sont belles, et ce ne sera pas la première fois que je coucherai à la belle étoile.

BROCARD

L'été ne dure pas toujours...Vous êtes un brave garçon, mon pauvre Santenoge; mais votre insouciance vous perdra comme elle a perdu votre père... Écoutez :

j'ai un ami qui est maître de forges à Châtillon et qui vous emploiera volontiers sur ma recommandation... Voulez-vous l'aller trouver de ma part ?

SANTENOGE

Merci, docteur... quitter ma forêt? nenni! j'y suis né, j'y mourrai, s'il plaît à Dieu. Elle me donne ses fruits et son gibier en automne, son bois mort en hiver pour faire de belles flambées, ses fleurs et ses oiseaux en avril. J'y trouve en toute saison de l'air, du soleil et de la liberté; que faut-il davantage?.. Et puis, voyez-vous, je suis paresseux de naissance, et je gâte l'ouvrage rien qu'en le regardant.

BROCARD, secouant la tête.

Je crois que vous vous bornez souvent à le regarder, mon gaillard!.. Enfin, réfléchissez; je repasserai ce tantôt par ici, et, si mon offre vous convient, je me mets tout à votre service.

SANTENOGE, le reconduisant.

Non, voyez-vous, je me connais! je ne ferais pas honneur à votre recommandation... Je ne vous en suis pas moins cordialement reconnaissant, docteur; dites à ce grippe-sous de notaire que je l'attends de pied ferme, lui et ses recors.

BROCARD

Au revoir, pécheur endurci! (*Il sort.*)

SCÈNE TROISIÈME

SANTENOGE, seul.

(*Il ferme la porte à la clé, puis revient s'asseoir dans son fauteuil, près du panier de fraises.*) Ah! tu veux saisir mes meubles et me chasser de chez moi, honnête gratte-papier?.. Soit, j'irai coucher avec mes amis les charbonniers, mais tu n'y perdras rien, croquant, et je te garde un chien de ma chienne!.. Une saisie, après tout, la belle affaire!.. on ne me saisira ni le soleil, ni les arbres, ni les jolies filles, et ce ne sera pas le papier timbré de maître Février qui m'empêchera de déguster ces bonnes fraises que j'ai cueillies ce matin dans la rosée. (*Il va prendre un saladier sur la crédence et revient à son panier qu'il soulève et qu'il flaire.*) Hum! quel parfum! et quelle couleur! cela sent l'été et les chaudes matinées sous les hêtres, tandis que les oiseaux rossignolent de toute part. (*Il verse les fraises lentement dans le saladier.*) Pour savourer de vraies fraises, il n'y a rien de tel que de les cueillir soi-même aux bons endroits, dans des coupes à demi soleillées, où la chaleur a donné au fruit tout son suc sans lui enlever sa saveur fraîche et fondante. Les gens des villes n'en tâteront jamais de pareilles! (*On frappe violemment à la porte du fond.*) Hein! qui vient me déranger?

UNE VOIX, au dehors.

Êtes-vous-là, monsieur de Santenoge?

SANTENOGE, se levant.

Je connais cette voix embrumée par le rogomme... (*Regardant par la fente des volets.*) Parbleu! c'est cet ivrogne de Bernard, le courrier d'Auberive.. Comment diantre flâne-t-il à cette heure dans la forêt?

(*Il va ouvrir. — Bernard entre d'un air effaré, avec l'allure alourdie d'un homme encore un peu entrepris par le vin.*)

SCÈNE QUATRIÈME

SANTENOGE, BERNARD.

SANTENOGE, riant.

Bonjour, vieux! Ah! ça, votre patache dessert donc maintenant les bois de Vireloup? M'amèneriez-vous une voyageuse, par hasard?

BERNARD

Pardon, excuse!.. ne riez pas, monsieur de Santenoge, pareille avanie ne m'était jamais arrivée!.. Figurez-vous que ce matin j'avais cassé une croûte à Langres, au *Soleil-d'Or*. A midi, je bâche ma voiture, j'allonge un coup de fouet à la Grise, et nous enfilons la grand'-route. Nous roulions, fallait voir!.. seulement j'avais bu un polisson de petit vin blanc qui me tapait sur la cervelle... Avec ça, une chaleur de plomb.. Ma fine, je m'endors un brin, me fiant sur la Grise, qui est une bête espritée... Nous roulons, nous roulons, ça me berçait, vous comprenez... tout d'un coup je me réveille... devinez où? A trois lieues d'ici, à Longeau! La Grise avait pris à gauche au lieu de tourner à droite... Et je portais les dépêches! Gredin de sort!

SANTENOGE, éclatant de rire.

Ha! ha!

BERNARD

Vous riez ? Les gens de Longeau aussi se tenaient les côtes, mais moi je n'étais pas à mon aise. Je me disais : Si la poste me flanque une amende, ça n'est pas eux qui la payeront. — Bref, pour rattraper le temps perdu, on me conseille de prendre la traverse par les bois, et je roule... quels chemins, bon sang ! la Grise butait à chaque pas et nous sautions dans les ornières. Sorcière de forêt ! Le guignon des guignons s'en mêlait : à une portée de fusil d'ici, crac ! voilà une de mes roues dans le fossé, et mon essieu démantibulé !.. C'en est-il de la déveine ? Heureusement j'ai aperçu le toit de Vireloup, et, sans vous déranger, monsieur de Santenoge, je viens vous prier de me donner un coup de main pour remettre ma voiture en état...

SANTENOGE

Volontiers... Et vos voyageurs, qu'est-ce qu'ils sont devenus ?

BERNARD

Je n'en ai qu'un, et encore, comme vous le disiez tout à l'heure, c'est une voyageuse...

SANTENOGE, gaîment.

Amenez-la ici en attendant... Est-elle jolie, au moins ?

BERNARD, attirant Santenoge près de la fenêtre.

Tenez, la voyez-vous à l'ombre de ce poirier sauvage ?.. elle n'a pas osé entrer... Vous savez, monsieur de Santenoge, c'est une demoiselle bien élevée, et il ne s'agit pas de faire des sottises...

SANTENOGE

Drôle! pour qui me prends-tu? (*Regardant par les fentes des volets.*) Elle est charmante!.. Ce serait grand dommage de la laisser griller au soleil. Il faut l'inviter à venir se reposer ici, tandis que nous irons visiter la voiture.

BERNARD

Ah! elle est bien mignonne et elle sort du couvent... C'est la fille de notre notaire, monsieur Février.

SANTENOGE, tressaillant et changeant de ton.

C'est mademoiselle Février!.. Ha! ha!

BERNARD

Je vais la chercher.

(*Il sort.*)

SCÈNE CINQUIÈME

SANTENOGE seul, puis BERNARD et MARIANNE FÉVRIER.

SANTENOGE, à la fenêtre.

La fille de Février!.. Parbleu, voilà une bonne drôlerie!.. C'est qu'elle est jolie à croquer avec ses grands yeux et sa toilette de pensionnaire. Quel âge peut-elle bien avoir?.. Dix-huit ans tout au plus. Comment ce gratte-papier hargneux peut-il être le père d'une aussi mignonne créature?.. Il ferait une curieuse grimace s'il savait que sa fille reçoit en ce moment l'hospitalité chez « le don Juan de Vireloup »! — Ah! vilain soupe-tout-seul, tu mets les huissiers à mes trousses!.. Que dirais-tu si, à mon tour, je contais fleurette à ta jolie échappée de couvent?.. Après tout, ce serait de bonne guerre, et la fille de Février ne doit pas être un parangon de vertu... La caque sent toujours le hareng... ces petites bourgeoises, avec leurs airs confits, ont le cœur fait comme les paysannes, et elles ne sont peut-être pas plus fâchées que les autres de mordre au fruit défendu... Quand je cueillerais deux ou trois baisers sur ce petit signe noir qu'elle a au coin de la joue, je ne ferais que me venger des impertinences du père... Reste à savoir comment elle prendrait la chose... Bah! nous allons bien voir.

(*La porte s'ouvre et Bernard paraît avec Marianne Février encore hésitante.*)

BERNARD

Passez, mam'selle Marianne; M. de Santenoge est un de mes amis et il ne vous mangera pas.

SANTENOGE, saluant galamment.

Entrez, mademoiselle, vous serez mieux ici qu'en plein soleil... Excusez-moi de vous laisser seule un moment; je vais visiter la voiture de ce brave homme... Asseyez-vous, je vous en prie... Allons, Bernard!

(*Marianne salue gauchement et se tient debout près du bahut, tandis que Santenoge sort avec Bernard.*)

SCÈNE SIXIÈME

MARIANNE seule.

(*Elle promène timidement ses yeux tout autour d'elle et examine curieusement la pièce où elle se trouve.*)

Comme il fait sombre ici!.. Ce grand soleil m'a aveuglée... C'est donc là celui que la femme du juge de paix appelle « le don Juan de Vireloup »?.. C'est drôle, tout le monde parle de lui comme d'un réprouvé, et pourtant il n'a pas déjà si mauvaise mine pour un garçon qui a mal tourné. Ses yeux et sa voix ont quelque chose de franc et de cordial, et il a l'air bon enfant. — C'est égal, si ces dames, qui me renvoient toujours quand elles veulent parler de lui, savaient que je suis venue ici, quels roulements d'yeux et quels signes de croix!.. (*Examinant l'ameublement.*) Il ne doit pas être riche, à en juger par son mobilier. (*Humant l'air.*) Ah! par exemple, ça sent bon chez lui!.. Ça sent les fraises... (*Elle s'approche de la table.*) Je crois bien, en voilà un plein saladier, et toutes fraîches cueillies; les queues sont encore après... (*Elle se penche vers le saladier.*) Ce sont les premières que je vois cette année. (*Elle respire le parfum des fraises d'un air gourmand et tenté.*) Elles sont bien appétissantes, et je meurs de soif... Si j'osais! (*Elle avance la main, puis la retire.*) Non, il n'aurait qu'à s'en apercevoir. Bah! il ne les a pas comptées, et je l'entendrai bien venir... (*Elle prend une fraise et la mange.*) Excellentes!.. C'est joliment meilleur que les fraises de jardin!.. (*Elle en mange une seconde; puis une troisième.*) Plus rien qu'une! (*Elle met de nouveau la main dans le saladier. La porte du fond s'ouvre doucement et Jean de Santenoge la regarde faire.*)

SCÈNE SEPTIÈME

MARIANNE, SANTENOGE.

SANTENOGE, de sa grosse voix joviale.

Bon appétit, mademoiselle!

MARIANNE, saisie et confuse.

Ah!

SANTENOGE, riant d'un bon rire épanoui.

Sont-elles à votre goût, au moins?

MARIANNE, un peu rassurée par ce rire cordial.

Pardonnez-moi, monsieur... Elles avaient si bonne mine, et je suis si gourmande!.. Vraiment, je suis honteuse...

SANTENOGE, gaîment.

Il n'y a pas de quoi... (*Se rapprochant de la table.*) Je suis sûr qu'on ne vous sert pas des fraises comme celles-là, dans votre couvent?

MARIANNE

On ne nous en sert même pas du tout! (*D'un ton espiègle.*) Mais je me rattrape quand je vais chez mon grand-oncle Brocard, le docteur Brocard, d'Auberive, vous le connaissez sans doute?

SANTENOGE

Un peu... C'est un bon vivant et un brave homme.

MARIANNE, s'enhardissant peu à peu.

Oh! la meilleure pâte d'homme, et il me gâte!.. Il est

gourmand, lui aussi, et quand nous sommes ensemble, en été, nous faisons de grands régals de fraises, qu'il accommode avec de la crème.

SANTENOGE, avec entrain.

Attendez!.. J'en ai aussi, moi, de la crème, et toute fraîche levée de ce matin!.. Vous allez voir. (*Il court au bahut et en revient avec deux écuelles de faïence, des cuillères et une jatte de crème.*) Laissez-moi seulement préparer les fraises... (*Il veut les éplucher, mais il s'y prend si gauchement que Marianne éclate de rire.*)

MARIANNE, s'emparant du saladier.

Non, non, ceci me regarde. Je vais tout éplucher pendant que vous râperez le sucre.

SANTENOGE, interdit et penaud.

Du sucre? (*Il se donne un coup de poing sur le front.*) Ah! misère de misère, je n'en ai pas! (*Il court au bahut et se met à y fourrager avec fureur.*)

MARIANNE, confuse.

Voyez comme je suis indiscrète!.. Je vous en prie, monsieur, ne prenez pas garde à un mot en l'air; je ne tiens pas au sucre et nous nous en passerons.

SANTENOGE, toujours agenouillé devant le bahut, poussant un cri de triomphe.

Ah! voici de quoi assaisonner nos fraises. (*Il tire des profondeurs du bahut une bouteille poudreuse.*) C'est un vieux vin d'Espagne.

MARIANNE, effarouchée.

Du vin pur!.. Oh! non, monsieur, je n'en bois jamais.

SANTENOGE, apportant la bouteille et des verres.

Bah ! il est doux comme du lait. (*Il fait asseoir Marianne dans le fauteuil.*) Là, asseyez-vous, nous allons faire la dînette... Nous avons le temps : l'essieu de la voiture est rompu, et Bernard est allé à Praslay chercher un charron... (*Il s'assied non loin d'elle, remplit les verres et lui tend successivement le saladier et la jatte de crème.*) Servez-vous... Avez-vous vu ma vache Zénobie, tantôt, en traversant le pré ? C'est elle qui me donne le lait dont on fait cette crème... Hein ! est-ce onctueux et parfumé ? Ça sent le thym et la marjolaine. (*Il lui verse à boire.*) Quant aux fraises, je les ai cueillies moi-même, dans une coupe de l'année dernière, au bois des Berbisettes... Qu'en dites-vous ?

MARIANNE, dégustant ses fraises d'un air friand ; avec conviction.

Elles sont bonnes !

SANTENOGE, la regardant et riant.

Ah ! vous avez bien dit ça ! (*A part.*) Elle est jolie comme un cœur, et rien que de la regarder l'eau me vient à la bouche.

MARIANNE, buvant.

Oh ! que c'est fort ! (*S'apercevant des regards admiratifs de Santenoge.*) Vous me trouvez gourmande ?.. Je l'avoue, c'est mon défaut.

SANTENOGE, se rapprochant, d'un air galant.

Il faut en avoir au moins un ou deux, moi j'en suis cousu.

MARIANNE, étourdiment.

C'est bien ce que tout le monde dit !

SANTENOGE, goguenard.

Ha! ha! vous avez entendu parler de moi, et par qui donc?

MARIANNE, à laquelle le vin d'Espagne a délié la langue.

Oh! la sœur de monsieur le curé et la femme du juge ont causé de vous une fois ou deux devant moi, mais si bas que je n'y ai rien compris, sinon que vous étiez un grand pécheur.

SANTENOGE, riant.

Vraiment!.. Je parie qu'en entrant chez moi, vous avez été étonnée de ne pas sentir le roussi!.. Eh bien, (*Il lui met la main sur le bras et la regarde hardiment dans les yeux.*) avouez que je n'ai pas l'air si méchant diable qu'on le prétend.

MARIANNE, baissant les yeux et souriant.

Oui; mais, vous savez, au couvent on prétend aussi que le diable n'est jamais si dangereux que lorsqu'il prend des airs bon enfant.

SANTENOGE, interloqué.

Ah! (*A part.*) C'est drôle, elle me déconcerte... C'est moins facile que je ne croyais, de faire la cour à une pensionnaire... Je sens que je deviens bête. (*Il remplit son verre et veut faire boire Marianne. Haut, à la jeune fille.*) Vous buvez comme un oiseau, mademoiselle. Est-ce que vous le trouvez mauvais, mon malaga?

MARIANNE, buvant.

Non, mais il est si fort!.. Je me défie de moi; quand j'ai pris un doigt de vin, je jase comme une pie et il me vient une volée de questions au bout de la langue...

Tenez, il y a une chose que je voudrais vous demander, mais je n'oserai jamais.

SANTENOGE, animé et s'approchant d'elle.

Demandez toujours, pour voir.

MARIANNE

Eh bien, pourquoi vous appelle-t-on ?.. (*Elle s'arrête intimidée, joue un moment avec ses doigts, tandis que ses lèvres sourient malicieusement.*) Qu'est-ce que c'était que don Juan ?

SANTENOGE, riant et un peu embarrassé.

Ma foi, je n'en sais trop rien. (*A part.*) Elle est étonnante ! Comment lui expliquer cela ?.. (*Haut.*) Je suppose que c'était un bon diable comme moi, aimant le plein air, la liberté et le plaisir.

MARIANNE, prenant une cuillerée de fraises.

Jusque-là il n'y a pas grand mal.

SANTENOGE, s'enhardissant et lançant une œillade à Marianne.

Je m'imagine aussi qu'il ne détestait pas les jolis visages et qu'il s'oubliait souvent à regarder les beaux yeux bleus qu'il avait devant lui.

MARIANNE

Ça n'est pas encore un grand crime. Paul aimait aussi à regarder ceux de Virginie, dans le roman... L'avez-vous lu, monsieur ?

SANTENOGE

Vaguement. — Seulement, je crois que don Juan avait le tort de ne pas se contenter des yeux bleus... Il regardait aussi les yeux noirs quand il en rencontrait.

MARIANNE, très-sérieuse.

Ah! voilà qui est mauvais!... Je suis de l'avis de la femme du juge, ce don Juan était très-coupable... On ne doit pas changer.

SANTENOGE

Hum! Ça n'est pas si facile... Il y a des gens qui ne changent que parce qu'ils ne peuvent pas avoir ce qu'ils désireraient.

MARIANNE, d'un petit ton décidé.

Moi, je pense comme le proverbe : on peut tout ce qu'on veut.

SANTENOGE, ébahi.

(*A part.*) Drôle de petite fille, et charmante avec cela! (*Haut.*) Croyez-vous? C'est une rude besogne de vouloir, et c'est si bon de paresser!

MARIANNE, sentencieusement.

La paresse est un péché capital... Tenez, monsieur de Santenoge, vous demandiez ce que disent de vous les dames d'Auberive?.. Eh bien! elles vous accusent de passer votre vie à ne rien faire.

SANTENOGE, plaisamment.

A ne rien faire? Appelez-vous ne rien faire, veiller la nuit à l'affût, et employer ses matinées à cueillir ces belles fraises que vous savourez si gentiment!

MARIANNE, hochant la tête.

Ce n'est pas une profession, cela... Vous allez trouver que je me mêle de ce qui ne me regarde pas... mais il me semble que si j'étais un homme, je voudrais faire autre chose que de tuer des lièvres et cueillir des fraises.

SANTENOGE, piqué et se levant.

C'est vrai, mademoiselle, mais quoi ? je ne suis pas bon à grand'chose. Quand je me retournerais les ongles pour amasser quelques sous, en serais-je plus avancé ?

MARIANNE, haussant les épaules, avec une nuance de malice.

Je n'en sais rien, moi... Demandez cela à vos voisins, les bûcherons de Vireloup... Ils doivent s'être fait une opinion là-dessus en se retournant les ongles à couper leurs arbres, tandis que monsieur de Santenoge ramasse des fraises.

SANTENOGE, pensif.

(*A part.*) Elle m'a rivé mon clou, cette pensionnaire ! (*Haut.*) Mes voisins les bûcherons ont femme et enfants... C'est une raison que je n'ai pas, et on ne fait pas une pareille besogne comme on fait la charité, pour l'amour de Dieu.

MARIANNE, choquée, et avec vivacité.

Vous vous trompez. On travaille aussi pour l'amour de Dieu.

SANTENOGE, s'échauffant et la regardant.

J'aimerais mieux travailler pour l'amour de... (*Il s'interrompt et va lentement vers la fenêtre. — A part.*) Tais-toi, sacripant, cette petite fille vaut mieux que toi... Je préfère encore ne pas me venger de Février que de prendre une revanche qui serait une lâcheté... Comment ai-je pu être assez sot et grossier pour avoir un seul moment l'idée d'abuser de cette innocence ?.. Comment ai-je osé même laisser franchir à cette jeune fille le seuil de mon logis mal famé ?..

MARIANNE, se levant à son tour, étonnée et un peu intimidée de ce silence.

Vous ai-je fâché, monsieur de Santenoge ? vous ne parlez plus.

SANTENOGE, sérieux.

Non, non, au contraire, mademoiselle... Quel est votre nom de baptême ?

MARIANNE

Marianne.

SANTENOGE

Mademoiselle Marianne, voulez-vous me donner une poignée de main ?

MARIANNE, lui tendant la main.

Volontiers. (*Il serre un moment la main de la jeune fille, puis se retourne vers la fenêtre en soupirant.*)

SANTENOGE; à la fenêtre, poussant les volets.

Voici le jour qui brunit et Bernard ne revient pas; il faut que vous partiez, mademoiselle Marianne.

MARIANNE, étonnée.

Partir ?.. Je n'ai pas fini de manger mes fraises.

SANTENOGE, insistant.

C'est égal, il faut que vous partiez... Vireloup est malsain, la nuit. (*Tristement et avec un peu d'embarras.*) Même, si vous m'en croyez, vous ne raconterez à personne que vous vous y êtes arrêtée... Venez! (*En ce moment, le docteur Brocard entr'ouvre la porte du fond ; il s'arrête stupéfait et inquiet à la vue de sa petite-nièce.*) Je vais appeler mon petit pâtureau qui vous conduira jusqu'à Praslay, où vous retrouverez Bernard et une voiture...

SCÈNE HUITIÈME

LES MÊMES, LE DOCTEUR BROCARD.

BROCARD, s'avançant avec précipitation.

Inutile !.. Je ramènerai ma nièce moi-même. (*Santenoge et Marianne se retournent. Celle-ci saute au cou de Brocard.*)

MARIANNE

Ah ! oncle Brocard, c'est vous !.. Tant mieux, j'aurai le temps d'achever mes fraises !.. Figurez-vous que Bernard m'a versée dans un fossé où je serais restée à l'attendre jusqu'au soir, si nous n'avions été près de Vireloup. Monsieur de Santenoge m'a donné l'hospitalité avec un bon goûter... Mais, maintenant, voilà qu'il veut que je parte sans même avoir fini de manger, sous prétexte que l'air de Vireloup est malsain... Est-ce que c'est vrai ?

BROCARD, se rassérénant et s'essuyant le front.

(*A part.*) Ouf ! j'ai eu peur un moment en voyant cette petite dans la gueule du loup ; heureusement ce Santenoge vaut mieux que sa réputation. (*Haut, à Marianne.*) Monsieur a raison, fillette, il faut partir. Remercie-le et apprête-toi. (*Allant vers le jeune homme qui est resté pensif, le dos appuyé contre le bahut.*) Touchez-là, monsieur de Santenoge, vous êtes un brave garçon... Merci de l'accueil que vous avez fait à Marianne; je vous en suis, pour mon compte, d'autant plus reconnaissant que je sais combien vous avez peu à vous louer des procédés de son père.

MARIANNE, qui a écouté.

Quels procédés ? Est-ce que mon père aurait fait des méchancetés à M. de Santenoge ?

BROCARD

Je le crois bien... Il veut faire vendre ses meubles par ministère d'huissier.

MARIANNE, désolée.

Quoi, tout ce qui est ici !.. (*A Santenoge.*) Vous le saviez, monsieur, et cela ne vous a pas empêché de me traiter avec tant de cordialité et de bonté ?.. Oh ! mais mon père ne commettra pas cette mauvaise action : j'ai une volonté, moi aussi, et il faudra bien qu'il m'écoute.

SANTENOGE

Bah ! ne parlons pas de cela, mademoiselle; monsieur Février m'a rendu service au contraire, sans s'en douter... Depuis ce matin, docteur, j'ai réfléchi et j'accepte vos propositions... J'irai en causer un de ces jours avec vous.

BROCARD

A la bonne heure ! venez dès demain, puisque vous voilà converti.

SANTENOGE, regardant Marianne.

Oui, je suis las de mon oisiveté et je veux changer de vie. Je me transformerai si bien qu'il ne restera plus une écaille de la peau du « don Juan de Vireloup ». — (*Allant vers Marianne.*) Êtes-vous contente, mademoiselle Marianne ?

MARIANNE

Oh ! oui... C'est bien, cela, monsieur de Santenoge !

SANTENOGE

Adieu ! quand vous mangerez des fraises, pensez un peu à celles de Vireloup.

MARIANNE

Non, au revoir !.. Souvenez-vous que je n'ai pas mangé ma part, et, quand vous viendrez à Auberive, n'oubliez pas de m'en apporter d'autres... N'est-ce pas, mon oncle ?

BROCARD

Oui, parbleu ! Et, quand il viendra déjeuner avec nous, j'espère que nous aurons de bonnes nouvelles à lui apprendre... Maintenant, mignonne, en route ! (*Le docteur et Marianne sortent par le fond.*)

SCÈNE NEUVIÈME

SANTENOGE, seul.

(*Il s'accoude à la fenêtre ouverte et les regarde s'éloigner. Puis il revient lentement s'asseoir près de la table, à la place qu'occupait Marianne.*) Elle est bien jolie ! Allons, Jean, mon ami, décidément la vertu a du bon. Adam, ton premier père, a perdu son paradis pour un quartier de pomme ; ce serait drôle tout de même, si tu gagnais le tien avec une jatte de fraises.

Le rideau tombe.

TABLE

ÉVREUX, IMPRIMERIE DE CHARLES HÉRISSEY.

www.ingramcontent.com/pod-product-compliance
Ingram Content Group UK Ltd.
Pitfield, Milton Keynes, MK11 3LW, UK
UKHW020544180726
13838UKWH00001B/19

9 782329 307664